公路工程施工标准化指南系列丛书

广东省公路房建工程建设管理指南

广东省交通运输厅　组织编写

人民交通出版社股份有限公司

北　京

内 容 提 要

本指南明确了广东省公路房建工程的建设管理程序,梳理了公路房建工程的设计管理要点、技术指标体系、各阶段技术审查要点,从现场施工管理的重点难点问题入手推进施工标准化管理。本指南由综合管理、设计指引、施工标准化、附录四部分组成。

本指南可供广东省交通运输行业主管部门、公路房建工程建设管理、勘察、设计、监理、施工、咨询等人员参考使用。

图书在版编目(CIP)数据

广东省公路房建工程建设管理指南 / 广东省交通运输厅组织编写. — 北京:人民交通出版社股份有限公司,2021.12
ISBN 978-7-114-15539-0

Ⅰ.①广… Ⅱ.①广… Ⅲ.①高速公路—道路施工—标准化管理—广东—指南②高速公路—路侧建筑物—工程施工—标准化管理—广东—指南 Ⅳ.①U415.1-62 ②U417.7-62

中国版本图书馆 CIP 数据核字(2021)第 263129 号

Guangdong Sheng Gonglu Fangjian Gongcheng Jianshe Guanli Zhinan

书　　名:	广东省公路房建工程建设管理指南
著 作 者:	广东省交通运输厅
责任编辑:	韩亚楠
文字编辑:	杨　明
责任校对:	刘　芹
责任印制:	刘高彤
出版发行:	人民交通出版社股份有限公司
地　　址:	(100011)北京市朝阳区安定门外外馆斜街 3 号
网　　址:	http://www.ccpcl.com.cn
销售电话:	(010)59757973
总 经 销:	人民交通出版社股份有限公司发行部
经　　销:	各地新华书店
印　　刷:	中国电影出版社印刷厂
开　　本:	880×1230　1/16
印　　张:	14.5
字　　数:	307 千
版　　次:	2021 年 12 月　第 1 版
印　　次:	2021 年 12 月　第 1 次印刷
书　　号:	ISBN 978-7-114-15539-0
定　　价:	82.00 元

(有印刷、装订质量问题的图书由本公司负责调换)

《广东省公路房建工程建设管理指南》
编审委员会

主 任 委 员：黄成造
副主任委员：曹晓峰　职雨风　张钱松　王　璜
委　　　员：鲁昌河　刘永忠　管　培　胡利平
　　　　　　　梅晓亮　彭伟强　易万中　单　云
　　　　　　　兰恒水　洪显诚　李卫民　吴玉刚
　　　　　　　邱　钰　余国红　乔　翔　成尚锋
　　　　　　　代希华　吴传海　李　勇　熊　杰

《广东省公路房建工程建设管理指南》
编写委员会

主　　　编：乔　翔
副　主　编：郭创川　李立新　罗小兰　余长春
　　　　　　　黄　灿
编　　　写：罗　燕　周家祥　肖富昌　彭朝辉
　　　　　　　杨　媛　谭　浩　汪　洁　蔚三艳
　　　　　　　吴清烈　吴　攸　魏桂珍　付兴华
　　　　　　　孙　权　李　军　苏　敏　刘旋云
　　　　　　　陈伟忠　刘小飞　刘阁明　司徒平

前言
FOREWORD

加快推进现代工程建设管理,是公路行业坚持新发展理念,牢牢把握交通"先行官"定位,构建安全、便捷、高效、绿色、经济的现代化综合交通体系的生动实践和有力抓手。近年来,广东省交通运输系统进一步转变发展方式,深入贯彻落实《交通强国建设纲要》及公路建设管理"五化"(发展理念人本化、项目管理专业化、工程施工标准化、管理手段信息化、日常管理精细化)要求,全面提升公路工程建设管理水平,有力支撑广东交通高质量跨越式发展。截至2020年底,广东省公路通车里程达22.2万公里,其中高速公路通车里程在全国率先突破1万公里。

2010年以来,广东省创新开展公路建设标准化管理的实施活动,组织开展施工标准化工作,形成《广东省公路工程施工标准化指南》(以下简称《指南》),初步构建了公路建设管理的标准化体系,成功打造了港珠澳大桥、南沙大桥、汕昆高速公路、汕湛高速公路等一批优质工程。为进一步提高广东省公路建设管理水平,创建"品质工程",广东省交通运输厅组织技术攻关,在全面、系统总结10年来高速公路标准化管理、品质工程创建、绿色公路建设等经验的基础上,对《指南》进行了修编。修编后《指南》共分8个分册,其中综合管理及工地建设、路基工程、路面工程、桥涵工程、隧道工程、交通安全设施工程、机电工程共7册已于2021年7月出版发行。

公路房建工程是公路工程的重要组成部分,是公路营运管养和对外服务的重要场所。但长期以来,参建各方对公路房建工程重视程度不足、相关管理不到位等情况普遍存在。为推行"公路房建工程与公路建设项目的其他工程同等重要、同步设计施工,强化公路房建工程设计管理"的管理理念,加强并规范公路房建工程全流程管理,提升工程品质和服务能力水平,将《指南》第 8 分册(即本书)书名确定为《广东省公路房建工程建设管理指南》(以下简称《房建工程指南》),作为广东省公路工程标准化体系的重要组成部分。

《房建工程指南》由综合管理、设计指引、施工标准化、附录共 4 部分组成。对公路房建工程的建设管理程序进行了全面梳理和进一步明确,强化了标准和技术执行原则,提出了组织构架、人员数量、建设规模、设计、施工等各项标准指标。突出了房建工程与主体工程同步设计、同步实施、同步投入使用的管理要求,特别强调了工程可行性研究阶段拟订公路房建工程的使用人数、停车泊位数量、使用功能、使用面积、建设面积等,初步设计阶段开展公路房建工程的建筑概念设计(如有)和初步设计(含概算),杜绝公路房建工程设计滞后等问题。对公路房建工程的设计管理与技术指标进行了系统梳理,整理了设计管理要点和各阶段技术审查要点,可供公路房建工程管理和技术人员参考使用。本指南从现场施工管理的重点难点问题入手推进施工标准化管理,并以附录方式列举了现行有关标准及质量通病预防等内容。《房建工程指南》可作为广东省公路房建工程建设管理、勘察、设计、监理、施工、咨询等人员参考使用的工具书。

《房建工程指南》由广东省南粤交通投资建设有限公司、众为工程咨询有限公司共同编制,广东省交通运输工程造价事务中心、广东省南粤交通云湛高速公路管理中心阳化管理处、广东省南粤交通武深联络线管理处、广东省高速公路有限公司开阳扩建管理处等共同参与了《房建工程指南》的编写工作。广东省交通集团有限公司、广东省高速公路有限公司、广东省公路建设有限公司、广东省路桥建设发展有限公司、佛山市路桥建设有限公司等单位提供了大力支持,在此一并表示感谢。

房建工程涉及面广、体系相对完整且独立,《房建工程指南》着重关注重点事项和短板问题的管理和提升,为了避免内容过于冗杂,编者对编录内容进行必要简化,仅编录与公路房建工程相关部分。由于编写时间仓促,难免存在不足之处,请各单位在执行过程中,将发现的问题和意见建议函告广东省交通运输厅基建管理处(地址:广州市越秀区白云路 27 号,邮政编码:510101)。

编 者

2021 年 11 月

Contents 目录

第1篇 综合管理 ... 1

1 总则 ... 3

2 术语 ... 5

3 管理职责 ... 7

3.1 一般规定 ... 7
3.2 行业主管部门 ... 7
3.3 建设单位 ... 8
3.4 项目可行性研究单位 ... 8
3.5 勘察设计与咨询单位 ... 8
3.6 监理(检测)单位 ... 9
3.7 施工单位 ... 9

4 人员管理 ... 11

4.1 一般规定 ... 11
4.2 建设单位 ... 11
4.3 设计单位 ... 12
4.4 监理单位 ... 12
4.5 施工单位 ... 13

5 程序管理　　14

　　5.1　一般规定 …………………………………………………………… 14
　　5.2　建设程序 …………………………………………………………… 14
　　5.3　用地程序 …………………………………………………………… 18

6 勘察设计与咨询管理　　19

　　6.1　一般规定 …………………………………………………………… 19
　　6.2　可行性研究 ………………………………………………………… 20
　　6.3　初步设计 …………………………………………………………… 20
　　6.4　施工图设计 ………………………………………………………… 23
　　6.5　设计变更 …………………………………………………………… 25
　　6.6　设计界面划分 ……………………………………………………… 25

7 招标管理　　28

　　7.1　一般规定 …………………………………………………………… 28
　　7.2　勘察设计招标 ……………………………………………………… 28
　　7.3　监理(检测)招标 …………………………………………………… 29
　　7.4　施工招标 …………………………………………………………… 29

8 合同管理　　30

　　8.1　一般规定 …………………………………………………………… 30
　　8.2　设计合同 …………………………………………………………… 30
　　8.3　监理合同 …………………………………………………………… 31
　　8.4　施工合同 …………………………………………………………… 31

9 施工管理　　32

　　9.1　一般规定 …………………………………………………………… 32
　　9.2　开工准备 …………………………………………………………… 32
　　9.3　施工图会审及设计交底 …………………………………………… 33
　　9.4　安全管理 …………………………………………………………… 33
　　9.5　质量管理 …………………………………………………………… 34
　　9.6　进度管理 …………………………………………………………… 34

9.7 合同管理 ……………………………………………………………… 35
9.8 技术管理 ……………………………………………………………… 35
9.9 信息化管理 …………………………………………………………… 36
9.10 竣工图管理 ………………………………………………………… 36

10 验收管理　37

10.1 一般规定 ……………………………………………………………… 37
10.2 竣工验收组织 ………………………………………………………… 37
10.3 竣工验收程序 ………………………………………………………… 37
10.4 竣工验收必备条件 …………………………………………………… 38
10.5 竣工验收备案 ………………………………………………………… 38

第2篇　设计指引　39

1 总体设计　41

1.1 一般规定 ……………………………………………………………… 41
1.2 建设规模 ……………………………………………………………… 41
1.3 选址原则 ……………………………………………………………… 42
1.4 材料选用标准 ………………………………………………………… 43
1.5 其他设计标准 ………………………………………………………… 44

2 服务设施　45

2.1 一般规定 ……………………………………………………………… 45
2.2 分类和功能配置 ……………………………………………………… 45
2.3 建设规模 ……………………………………………………………… 47
2.4 总体规划设计 ………………………………………………………… 48
2.5 总平面布局设计 ……………………………………………………… 51
2.6 建筑设计 ……………………………………………………………… 55

3 管理设施　65

3.1 一般规定 ……………………………………………………………… 65
3.2 分类和功能配置 ……………………………………………………… 65

	3.3 建设规模	66
	3.4 总体规划设计	68
	3.5 总平面布局设计	69
	3.6 建筑设计	69

4 养护设施 — 75

	4.1 一般规定	75
	4.2 分类和功能配置	75
	4.3 建设规模	76
	4.4 总体规划设计	77
	4.5 总平面布局设计	77
	4.6 建筑设计	77

5 收费设施 — 80

	5.1 一般规定	80
	5.2 分类和功能配置	80
	5.3 建设规模	80
	5.4 总平面布局设计	81
	5.5 建筑设计	81

6 其他设施 — 84

	6.1 一般规定	84
	6.2 交警营房	84
	6.3 隧道变电所	85

7 低碳节能设计 — 86

	7.1 一般规定	86
	7.2 土地资源节约利用	86
	7.3 节能与能源利用	86
	7.4 节水与水资源利用	87
	7.5 节省材料与材料利用	87
	7.6 室内外环境	87

8 设计审查要点 … 89

8.1 一般审查要点 … 89
8.2 可行性研究报告审查要点 … 89
8.3 初步设计审查要点 … 90
8.4 施工图审查要点 … 100

第3篇 施工标准化 … 111

1 地基与基础工程 … 113

1.1 地基 … 113
1.2 基础 … 114

2 主体结构工程 … 118

2.1 混凝土结构 … 118
2.2 钢结构 … 120
2.3 砌体结构 … 123

3 屋面工程 … 126

3.1 基层 … 126
3.2 保温（隔热） … 127
3.3 防水与密封 … 128
3.4 瓦面与板面 … 129
3.5 屋面细部 … 130

4 装饰装修工程 … 132

4.1 建筑地面 … 132
4.2 抹灰 … 135
4.3 外墙防水 … 136
4.4 门窗 … 137
4.5 吊顶 … 139
4.6 轻质隔墙 … 141

4.7 饰面砖	145
4.8 玻璃幕墙	146
4.9 涂饰	147
4.10 裱糊与软包	148
4.11 装饰装修细部	149

5 给排水工程　152

5.1 室内给水系统	152
5.2 室内排水系统	154
5.3 室内热水系统	155
5.4 卫生器具安装	156
5.5 室外给水管网	157
5.6 室外排水管网	158
5.7 给排水细部	159

6 电气工程　162

6.1 电气预埋管	162
6.2 电气配线	163
6.3 成套设备安装	164
6.4 照明器具安装	165
6.5 防雷接地	166

7 其他工程　168

7.1 室外工程	168
7.2 水池防水	168
7.3 环保设施	169

附录　171

附录A 公路房建工程建设管理参考文件　173

| A.1 公路房建工程管理文件 | 173 |
| A.2 公路房建工程勘察设计标准 | 174 |

A.3 公路房建工程技术标准 …………………………………………… 176
A.4 公路房建工程施工标准 …………………………………………… 178
A.5 公路房建工程材料应用标准 ……………………………………… 179
A.6 公路房建工程检测技术标准 ……………………………………… 180
A.7 公路房建工程质量验收标准 ……………………………………… 181
A.8 公路房建工程安全、卫生标准 …………………………………… 182

附录B 设计任务书参考模板　　183

附录C 质量通病及防治措施　　188

C.1 地基与基础 ………………………………………………………… 188
C.2 主体结构工程 ……………………………………………………… 193
C.3 屋面工程 …………………………………………………………… 202
C.4 防水工程 …………………………………………………………… 205
C.5 装饰装修工程 ……………………………………………………… 207
C.6 给排水工程 ………………………………………………………… 213
C.7 建筑电气工程 ……………………………………………………… 214
C.8 其他工程 …………………………………………………………… 216

第1篇

PART 01

综合管理

1 总　则

1.0.1　为全面推进现代工程管理,规范公路房建工程的建设管理,提升公路房建工程的建设管理水平和工程品质,结合广东省公路建设实际情况,编制本指南。

1.0.2　本指南主要依据国家法律、法规和交通运输部、住房和城乡建设部、广东省交通运输厅、广东省住房和城乡建设厅等工程建设主管部门颁布的与公路房建工程相关的标准、规范、规程、指南等技术文件,以及相关行业成熟和先进的管理办法、施工工法和工艺编制。

1.0.3　本指南适用于广东省新建和改(扩)建的高速公路、一级公路及为满足管理养护服务功能需要设置公路房建工程的二级公路项目的房建工程。

1.0.4　本指南涉及报规报建的条款适用于符合公路基本建设程序和资产纳入公路产权的公路房建工程。需办理房屋产权的公路房建工程的报规报建和竣工验收还应符合国土规划、住房和城乡建设等部门的相关规定。

1.0.5　本指南立足于满足公路主体功能和运营管理需求,规范公路房建工程全过程、全方位、全要素管理,突出指导性、规范性、实用性。

1.0.6　公路房建工程的建设管理应遵循以公路项目的建设程序为主线、服务公路项目整体建设目标的原则,并应符合以下规定:

1　应坚持制度标准化、管理标准化的建设管理模式。

2　宜推行功能配置标准化、设计标准化、造价标准化、施工标准化。

3　宜推行永临结合的建设模式。

1.0.7　公路房建工程设计应遵循与公路建设项目主体工程同步设计的原则,并应符合以下规定:

1　初步设计阶段应合理确定选址和控制建设规模,设计方案应满足公路项目营运、管理、养护和服务的基本功能需求,并注重人本化和舒适性。

2　应选择适宜的建筑布局和良好的建筑形象方案,设计应满足绿色低碳理念的要求。宜推行绿色建筑和智慧建筑设计。

1.0.8 公路房建工程施工应遵循保证合理工期且与公路建设项目主体工程同步实施的原则,并应符合以下规定:
 1 坚持创新驱动,大力推广、有效应用"四新技术"(新技术、新材料、新工艺、新设备),淘汰落后的工艺、工法。
 2 坚持标准化施工,有效防治施工质量通病,提升工程质量。

2 术　语

2.0.1　公路房建工程

公路房建工程是指为公路营运管理、养护、救援而修建的房屋建筑、构筑物和场地等设施。

2.0.2　服务设施

服务设施是指为道路使用者提供停留、休息、候车、如厕、用餐、住宿、购物、车辆停放、加油、充电、维修、检查和交通应急保障的场所而修建的房屋建筑、构筑物和场地等设施，包括服务区、停车区、车辆停靠站等。

2.0.3　监控通信设施用房

监控通信设施用房是指为公路项目监控管理、通信集成的设备和设施提供安置场所和为相关管理人员提供办公场所而修建的房屋建筑。

2.0.4　管理设施

管理设施是指为公路项目的营运管理人员、收费人员提供办公、住宿、餐饮、活动的场所而修建的房屋建筑、构筑物和场地等设施。

2.0.5　养护设施

养护设施是指为公路项目的养护管理人员提供办公、住宿、餐饮、活动和养护生产活动的场所而修建的房屋建筑、构筑物和场地等设施。

2.0.6　收费设施

收费设施是指为公路项目提供公路收费、收费管理、收费人员休息和安置收费设施的场所而修建的房屋建筑、构筑物和场地等设施，主要包括收费站房和收费天棚。

2.0.7　救援设施

救援设施是指为公路救援管理人员、服务人员提供办公、住宿、餐饮、活动和救援的场所而修建的房屋建筑、构筑物和场地等设施。

2.0.8　交警服务设施

交警服务设施是指为公安交警部门的管理人员、执法人员提供办公、休息的场所而修建的房屋建筑。

2.0.9 建设目标

建设目标是指工程建设的安全目标、质量目标、工期目标、造价目标。

2.0.10 建设标准

建设标准是指公路房建工程的使用功能、建设规模(使用人数、停车泊位数量、使用面积、建筑面积、用地面积、工程造价)、设计标准。

2.0.11 收费天棚

收费天棚是指为公路项目收费活动提供收费条件和满足收费需求而修建的构筑物。

2.0.12 用地界线

用地界线是指公路房建工程建设用地范围的边界线。

3 管理职责

3.1 一般规定

3.1.1 本指南是规范公路房建工程建设程序和提升公路房建工程品质的有效举措和重要载体，各级交通运输主管部门和各参建单位应制订切实有效的制度和办法，贯彻落实本指南的相关要求。

3.1.2 各级交通运输主管部门和各参建单位应加强本指南的宣传学习，通过培训教育、技术交流、竞赛考核等方式，推广和落实建设标准化。

3.1.3 公路房建工程的建设管理除满足本指南要求外，还应符合《广东省公路工程施工标准化指南 第一分册 综合管理及工地建设》等的相关要求。

3.1.4 各级交通运输主管部门和各参建单位在制订与公路房建工程相关的各项文件时，应兼顾与房屋建筑工程的建设管理相关的行业管理要求。

3.2 行业主管部门

3.2.1 各级交通运输主管部门应规范公路房建工程的基本建设程序，规范对公路房建工程设计、招标、施工、验收等的管理。

3.2.2 各级交通运输主管部门应加强公路房建工程的建设管理及指导工作，引导各参建单位建立公路房建工程建设管理与专业技术人才培养体系。

3.2.3 各级交通运输主管部门应推广公路房建工程建设标准化理念，指导公路项目建设单位落实公路房建工程的建设标准化工作，并制定相应的考核标准和激励政策。

3.3 建设单位

3.3.1 应以公路项目的建设目标为导向,履行公路房建工程的建设管理职责,负责公路房建工程建设全过程的有效管控。

3.3.2 应制订公路建设项目的建设管理制度和管理办法,管理文件内容应包括公路房建工程的有关内容,应符合公路建设项目的建设目标。

3.3.3 公路建设项目的建设管理制度应明确公路房建工程各参建单位的责任,责任内容应涵盖安全、质量、进度、造价、档案等方面。

3.3.4 应将公路房建工程标准化管理纳入招标文件和合同条款,作为建设管理和履约评价的依据。

3.3.5 应按照可执行和可量化的标准开展公路房建工程的建设管理工作,重点强化公路房建工程的用地选址和设计管理。

3.3.6 应主导推行公路房建工程建设标准化管理,引导各参建单位树立公路房建工程标准化管理理念,塑造公路房建工程建设标准化的建设文化。

3.4 项目可行性研究单位

3.4.1 公路建设项目的可行性研究报告编制单位应重视公路房建工程相关内容的编制工作,对编制的可行性研究报告的质量负责。

3.4.2 公路建设项目的可行性研究报告编制单位应针对拟建公路项目的房建工程开展实地调查、踏勘、测量等工作,严格把控可行性研究报告的编制质量。

3.4.3 公路建设项目的可行性研究报告编制与审核单位应根据公路项目的定位、设计交通量、交通组成,结合广东省公路项目规划、服务区规划等相关规划,拟订公路项目的营运管理模式、营运管理机构、营运人员编制等。

3.4.4 根据公路项目的营运管理机构、营运人员编制、实际需求、国家和行业现行有关标准,拟订公路房建工程的使用人数、停车泊位数量、使用面积、建筑面积、用地面积、规划选址方案等,编制公路房建工程投资估算。

3.4.5 应对改扩建公路建设项目的既有房建设施进行调研和评估,提供调研报告和评估报告。

3.5 勘察设计与咨询单位

3.5.1 勘察设计单位应按照与公路项目和公路房建工程有关的现行标准等进行勘察、设计,并对勘察、设计的质量负责。

3.5.2 公路建设项目的咨询单位应按照本指南第 1 篇第 6 章相关条款的规定开展公

路房建工程的咨询工作,负责审核公路房建工程的设计深度是否满足规定。

3.5.3　勘察设计单位应熟悉公路项目的建设程序和管理办法,落实标准化管理,与建设单位紧密配合,根据公路项目特点和公路房建工程的建设规模明确勘察设计总体原则,拟订勘察设计团队的岗位职责,建立勘察设计服务的内部考核机制。

3.5.4　勘察设计单位应根据国家和行业现行有关标准、交通运输主管部门的相关规定、设计合同要求、公路项目建设周期、公路房建工程建设规模、设施布置、交通组织、勘察设计周期和实际需求,制订公路房建工程勘察设计管理制度、工作流程、工作手册和实施方案,并向建设单位报备。

3.5.5　勘察设计单位应根据勘察设计的招标要求和合同要求,充分配置资源,保障勘察设计的人员投入,编制勘察设计文件(含造价),并做好实施阶段的勘察设计服务工作。

3.6　监理(检测)单位

3.6.1　监理(检测)单位依照有关法律法规、国家和行业现行有关标准、设计文件和建设工程承包合同,代表建设单位对施工过程实施监理(检测),并对施工安全、质量、进度、造价等承担相应责任。

3.6.2　监理(检测)单位应熟悉公路房建工程的建设程序和管理办法,与建设单位紧密配合,根据公路建设项目的特点和公路房建工程的建设规模,明确监理(检测)原则、范围、内容,拟订公路房建工程监理(检测)团队的岗位职责,建立监理(检测)服务的内部考核和激励机制。

3.6.3　监理(检测)单位应根据交通运输主管部门的有关规定和合同要求,结合公路建设项目建设周期、公路房建工程建设规模、设施布置、施工周期,制订公路房建工程的监理(检测)管理制度、流程、手册和实施方案,并报建设单位确认。

3.6.4　监理(检测)单位应根据交通运输主管部门的有关规定和合同要求,充分配置资源,保障监理(检测)人员投入。

3.6.5　监理单位应依据公路建设项目的建设管理办法、建设标准化的管理要求,按照现行与房屋建筑工程有关的标准,督促施工单位落实各项工作。

3.7　施工单位

3.7.1　应严格按照施工图纸、说明文件、国家和行业现行有关标准施工,并对施工安全、质量、进度等负责。

3.7.2　应熟悉公路房建工程的建设程序和管理办法,按本指南要求,结合公路建设项目的特点和公路房建工程的规模,建立全过程、全方位、全覆盖的施工管理制度。

3.7.3　应与建设、设计、监理等单位紧密配合,熟悉公路项目的线路走向,实地勘察公路房建工程的设施布置、周边环境、材料供应情况,制订实施性强的施工组织设计。

3.7.4 应依据公路建设项目的建设管理办法和建设标准化的要求，按照现行与房屋建筑工程有关的标准，结合本单位的施工能力和技术优势，采用有利于保障施工安全、提升施工质量的工艺工法和提高施工管理效率的方法。

3.7.5 应根据相关规定和合同要求，配备施工管理人员，做好物资采购计划、分包计划、机械设备计划、工期进度计划。

3.7.6 应根据工程实际，对材料排版、安装定位和家具工艺开展施工深化设计。

4 人员管理

4.1 一般规定

4.1.1 除符合《广东省公路工程施工标准化指南 第一分册 综合管理及工地建设》对人员管理的有关规定外,参建各方[包括建设、勘察设计、监理(检测)、施工、咨询等]的公路房建工程管理人员还应满足本指南的有关要求。

4.1.2 参建各方[建设、勘察设计、监理(检测)、施工、咨询等]应根据公路建设项目的建设特点,结合公路房建工程的建设规模、站点布置、建设周期,合理设置管理架构、配置充足的管理人员和专业技术人员,满足合同要求及工程实际需要。

4.1.3 招标文件和合同应明确参建单位[勘察设计、监理(检测)、施工、咨询等]的人员要求,包括人员数量、职业(执业)资格、职称等级和业绩标准,应不低于本指南的相关要求。

4.1.4 各参建单位[勘察设计、监理(检测)、施工、咨询等]应将服务机构、人员配备、资格条件等报建设单位批准。

4.1.5 各参建单位[勘察设计、监理(检测)、施工、咨询等]拟投入公路房建工程的造价人员应熟悉与公路房建工程相关的造价管理办法、计价标准和计量规则。

4.2 建设单位

4.2.1 建设单位应根据公路项目的线路长度、设计标准、建设周期,充分利用资源,合理确定公路房建工程的建设管理人员。

4.2.2 建设单位宜设置独立的公路房建工程管理部门,也可将公路房建工程管理人员合并到其他部门。

4.2.3 建设单位的公路房建工程管理人员宜保持稳定。在公路建设项目的可行性研究和交竣工验收阶段，公路房建工程的主要管理人员可由项目总体管理人员或其他专业工程的管理人员兼任；在公路建设项目的初步设计、施工图设计、招标、实施阶段，应配备专职的公路房建工程管理人员。

4.2.4 高速公路房建工程的主要建设管理人员宜具备建筑工程类职业（执业）资格或持有建筑工程类职称证书，可配备结构、给排水、电气专业的技术人员。其他等级公路房建工程的主要建设管理人员宜具有工程建设、设计、施工、监理等经验之一，可配备持有工程类中级职称证书或具备工程类职业（执业）资格的专业技术人员。

4.3 设计单位

4.3.1 公路房建工程的设计项目负责人应持有建筑工程类的高级职称证书或具备工程设计类职业（执业）资格。其他设计人员应具备与设计范围和设计内容相符的工程设计类职业（执业）资格或职称。

4.3.2 公路房建工程项目设计负责人和主要设计人员应具备2个或以上房屋建筑工程或公路房建工程项目的设计经历。

4.3.3 设计单位在设计服务期间应保持设计人员的稳定。未经建设单位批准，不得更换项目负责人、专业负责人、造价负责人和驻场设计人员。

4.3.4 设计单位应按照及时解决设计问题的原则，根据设计内容、工程规模及专业类别配备驻场设计人员。公路房建工程开工至竣工期间，服务区和管理中心应各配备至少1名驻场设计人员，每人每月的驻场时间应不少于14d，合同另有约定的按合同执行。

4.3.5 设计单位提供的造价文件应有建筑工程注册造价工程师的签章。

4.4 监理单位

4.4.1 公路房建工程的监理人员应具备与公路房建工程监理范围和监理要求相符的相关监理职业（执业）资格。公路房建工程应配备建筑、结构、给排水、电气等专业的监理员。

4.4.2 公路建设项目的主体工程监理发包含公路房建工程时的公路房建工程监理专业负责人或公路房建工程监理单独发包时的总监理工程师应持有建筑工程类高级或以上职称证书，有2个或以上房屋建筑工程或公路房建工程的监理经历。

4.4.3 公路房建工程的驻地监理工程师应持有建筑工程类中级或以上职称证书，有2个或以上房屋建筑工程或公路房建工程的监理经历。

4.4.4 监理单位应按照有效监理的原则，根据监理内容、工程大小和专业类别配备监理人员。新建公路项目的服务区、管理中心和建筑面积超过8000m^2的集中住宿区，宜每处配备1名具备建筑工程类监理资格的工程师。改扩建公路项目每处新建或改扩建建筑面积超过4000m^2的服务区、管理中心和集中住宿区，宜每处配备1名具备建筑工程类监理资格的工程师。

4.5 施工单位

4.5.1 公路房建工程的施工管理人员和技术人员应熟悉公路工程管理、掌握现行与房屋建筑工程有关的标准。

4.5.2 公路建设项目的主体工程施工发包含公路房建工程时的公路房建工程专业总负责人或高速公路房建工程单独发包时的项目负责人应持有中级或以上专业技术职称证书或一级建造师职业(执业)资格证书,有 2 个或以上房屋建筑工程或公路房建工程项目的施工管理经历。其他公路房建工程的专业总负责人或项目负责人应持有中级或以上专业技术职称证书或一级建造师职业(执业)资格证书,有 1 个或以上房屋建筑工程或公路房建工程项目的施工管理经历。

4.5.3 公路房建工程的施工管理人员应具备与施工范围和施工要求相符的建筑工程类相关职业(执业)资格。应配备建筑、结构、给排水、电气、市政等专业的施工技术人员和建筑工程类造价管理人员。

4.5.4 公路房建工程的主要施工管理人员应具有与公路房建工程规模和施工要求相匹配的施工管理经验,有 2 个或以上房屋建筑工程或公路房建工程项目的施工经历。

4.5.5 高速公路房建工程的施工技术负责人应持有高级或以上专业技术职称证书,有 2 个或以上房屋建筑工程或公路房建工程的施工管理经历。其他公路房建工程的施工技术负责人应持有高级或以上专业技术职称证书,有 1 个或以上房屋建筑工程或公路房建工程项目的施工管理经历。

4.5.6 公路房建工程的专职安全管理负责人应持有初级或以上专业技术职称证书,有 2 年或以上工程施工安全生产工作经历,并持有安全生产"三类人员"B 类证书。应根据公路房建工程的建设规模及相关规定配备持有安全生产"三类人员"C 类证书的专职安全员。

4.5.7 应按照对工程实施有效管理的原则,根据工程内容、大小和类别配备专业工程师,满足投标承诺和工程实际需要。服务区、管理中心、建筑面积大于 8000m² 的集中住宿区宜每处配备 1 名持有建筑工程类二级建造师职业(执业)资格证书或具备中级职称的专业工程师。

4.5.8 公路房建工程开工至竣工期间,施工单位应配备至少 1 名具备建筑工程造价工程师职业(执业)资格或持有建筑工程造价类中级职称证书的专职造价人员。

5 程序管理

5.1 一般规定

5.1.1 公路房建工程的建设管理工作应贯穿公路建设项目的可行性研究、初步设计、施工图设计、招标、施工准备、项目实施、交竣工验收和项目后评价全过程。

5.1.2 公路房建工程应符合公路建设项目建设程序的相关规定,与公路建设项目的主体工程同步设计、同步实施和同步投入使用。管理中心可提前建设,在公路项目的建设期投入使用。

5.1.3 宜推行永临结合的建设模式,包括营运期和建设期的管理用房结合、永久供电与临时供电结合、永久供水与临时供水结合、养护生产设施与建设期的预制场和搅拌站结合。

5.2 建设程序

5.2.1 公路房建工程建设管理工作应参照表5.2.1。

公路房建工程建设管理工作指引 表5.2.1

公路建设项目建设程序	公路建设项目建设管理工作	公路房建工程建设管理工作
1.项目立项与可行性研究	1.预可行性研究(如有) 2.项目建议书 3.规划选址及用地预审 4.可行性研究报告 5.投资估算 6.项目审批/核准	1.拟订项目营运管理模式 2.拟订项目的营运管理机构和营运人员编制 3.拟订公路房建工程的使用人数、停车泊位数量、使用功能、使用面积和建筑面积 4.拟订公路房建工程的规划选址和用地面积 5.公路房建工程投资估算

续上表

公路建设项目建设程序	公路建设项目建设管理工作	公路房建工程建设管理工作
2.项目初步设计	1.技术设计(如有) 2.初步设计(含概算) 3.初步设计的审查/审批	1.修订项目的营运管理机构和营运人员编制 2.修订公路房建工程的使用人数、停车泊位数量、使用功能、使用面积、建筑面积 3.确定公路房建工程的用地面积 4.初步确定公路房建工程选址 5.公路房建工程建筑概念设计(如有) 6.公路房建工程初步勘察 7.公路房建工程初步设计(含概算) 8.公路房建工程初步设计审查/审批
3.项目施工图设计	1.定测详勘(确定用地红线) 2.用地报批 3.施工图设计(含预算) 4.施工图审查/审批或报备	1.确定公路房建工程用地红线 2.公路房建工程详细勘察 3.公路房建工程施工图设计(含预算) 4.公路房建工程施工图审查/审批
4.项目招标	1.监理招标 2.检测招标 3.施工招标	1.公路房建工程监理招标 2.公路房建工程检测招标 3.公路房建工程施工招标
5.项目施工准备	开工准备	1.消防和防雷报建(如有) 2.公路房建工程施工准备
6.项目实施	1.落实开工条件 2.工程施工	1.落实公路房建工程开工条件 2.公路房建工程施工 3.公路房建工程的中期计量与支付
7.项目交竣工验收	1.项目交工验收 2.项目交付营运 3.项目结算与决算 4.项目决算审计 5.专项验收 6.项目竣工验收	1.公路房建工程竣工验收及备案 2.公路房建工程交付营运 3.公路房建工程结算与决算 4.公路房建工程部分审计
8.项目后评价	项目后评价报告	公路房建工程专项后评价报告

5.2.2 在公路建设项目的可行性研究阶段,应开展以下公路房建工程建设管理工作:

1 根据公路项目的定位、设计交通量、交通组成拟订公路项目的营运管理模式。

2 根据公路项目的营运管理模式拟订公路项目的营运管理机构和营运管理人员编制。

3 根据营运管理机构和营运管理人员编制,计算公路房建工程的使用人数、停车泊位数量、使用面积等,并据此拟订公路房建工程的使用功能和建筑面积;结合自然环境、用地条件等计算用地面积,拟订公路房建工程的用地面积和规划选址方案。

4 改扩建公路建设项目应对原公路项目的房建设施进行初步调研和评估,完成初步调研报告和评估报告。

5 完成公路房建工程投资估算的编制、审核与报审报批工作。

5.2.3 在公路建设项目的初步设计阶段,应开展以下公路房建工程建设管理工作：

1 落实公路建设项目的可行性研究报告及批复文件中与公路房建工程相关的审查和审批意见。

2 根据批复的可行性研究报告,结合公路建设项目的实际情况开展公路房建工程的勘察设计招标工作,编制勘察设计招标文件,拟订勘察设计成果的交付标准、审查标准,编制设计任务书。

3 根据批复的可行性研究报告,结合公路建设项目的实际情况,修订公路项目的营运管理机构和营运管理人员编制。

4 根据修订的营运管理人员编制,分析计算公路房建工程的使用人数、停车泊位数量、使用面积等,修订使用功能、建筑面积、用地面积和选址方案。

5 对于改扩建公路建设项目,应对既有公路项目的房建设施开展详细调查与评价工作,修订调研报告和评估报告,确定改扩建规模和利用规模,编制相应的改造与建设计划。

6 根据选址方案开展实地勘察工作,确定公路房建工程选址,编制选址报告。

7 根据选址报告开展公路房建工程的初步勘察工作,完成地质勘察报告。

8 **开展公路房建工程的建筑概念设计(如有)和初步设计,设计深度须符合本指南第1篇第6.3节的要求,公路房建工程初步设计(含概算)应与公路建设项目初步设计同步开展、同步报审报批。**

9 调查并核实公路房建工程各站点的临时道路、供水、排水(排污)、供电、供气等接口情况,形成书面调查记录并提交相关单位。

10 开展针对特殊地形、复杂地质条件的公路房建工程的专项评估,可邀请专家参与。

11 根据房建工程初步设计方案编制公路房建工程初步设计概算。

5.2.4 在公路建设项目的施工图设计阶段,应开展以下公路房建工程建设管理工作：

1 落实有关主管部门对公路项目的批复文件要求,跟进与相关单位的往来文件意见,如公路房建工程各站点用地界线及周边500～1000m范围内的地质、地震、矿产、文物、电信、军事、军用航空、航道、公路、铁路、石油天然气、林业、风景名胜区、自然保护区、饮用水水源保护区、河道、水利、给水、排水等文件要求或意见。

2 确定公路房建工程的用地界线。

3 完成公路房建工程的详细勘察工作。

4 根据批复的初步设计方案开展施工图设计,完成施工图设计文件(含预算)的编审、报审报批(备案)工作。建设规模应符合初步设计的批复要求;如需调整,应按规定重新报审报批。

5.2.5 在公路建设项目的招标阶段,应开展以下公路房建工程建设管理工作：

1 落实有关主管部门的批复要求,与公路建设项目的主体工程同步开展招标工作。制订公路房建工程的监理、检测、施工等招标计划,编制招标文件(含施工招标工程量清单和清单预算),完成招标文件的备案。

2 调查公路房建工程施工范围内和周边与施工相关的征地进度、各类管线拆迁(如电力管线、通信管线、燃气管线、给排水管线)、房屋及构造物拆迁、场地交接界面和交接时间、可供公路房建工程施工的临时道路等情况,完成调查报告。

5.2.6 在公路建设项目的施工准备阶段,建设单位应开展以下公路房建工程建设管理工作：

1 办理与公路房建工程施工有关的各项审批(审查或备案)手续。

2 核实公路房建工程施工范围内或相关的征地进度、三线拆迁、房屋及构造物拆迁、场地交接界面和交接时间、可供公路房建工程施工使用的临时道路等情况。

5.2.7 在公路建设项目的实施阶段,应开展以下公路房建工程建设管理工作：

1 组织学习《广东省公路工程施工标准化指南　第一册　综合管理及工地建设》,制订公路房建工程施工标准化管理办法和施工实施细则。

2 落实开工条件和开工准备工作。

3 制订施工管理的各项考核制度,组织开展人员履约、安全、质量、进度、造价和档案等考核工作。

4 按相关规定办理与公路房建工程实施相关的手续,如防雷、消防等。

5 落实公路房建工程施工的安全管控、质量管控、进度管理、协调管理、风险管理、合同管理、分包管理、技术管理、造价管理和档案管理。

6 组织开展设计、监理、施工、材料(设备)供应和其他服务等的质量评价工作。

5.2.8 在公路建设项目的交竣工验收阶段,应开展以下公路房建工程建设管理工作：

1 组织公路房建工程的竣工验收,办理公路房建工程的竣工验收备案。

2 组织公路房建工程的各参建单位办理合同结算,审核结算费用,签订结算协议,支付合同尾款。

3 审核公路房建工程档案的完整性,移交公路房建工程档案。

4 办理公路房建工程移交营运使用的交接手续。

5 完成公路房建工程的决算文件编制、决算审计和决算审查工作。

5.2.9 在公路建设项目的后评价阶段,应开展以下公路房建工程建设管理工作：

1 收集公路房建工程的技术、经济指标。经济指标应包括不同设施类型和不同建筑类型的用地面积、使用人数、使用面积、建筑面积、停车泊位等,具体分为数量指标和价格指标。

2 完成公路建设项目后评价报告的公路房建工程部分。

5.3 用地程序

5.3.1 公路房建工程用地管理工作应参照表5.3.1。

公路房建工程用地管理工作指引　　　　表5.3.1

项目建设程序	项目用地管理工作	公路房建工程用地管理工作
可行性研究报告	委托专项单位开展规划选址及用地预审申报工作,完成相关报审报批工作	复核用地预审红线是否包含公路房建工程用地
初步设计	复核公路建设项目初步设计的各功能分区是否完整	复核初步设计是否包含公路房建工程
施工图设计	1. 复核施工图设计中公路各功能分区是否齐全 2. 确定用地报批红线,委托专项单位编制勘测定界报告 3. 向市、县级人民政府提出建设用地申请,提供项目立项批复、初步设计等文件,并配合用地报批相关工作	复核施工图设计、用地报批红线是否包括公路房建工程用地
实施阶段	1. 配合落实征地拆迁补偿,在政府完成征地后接收用地 2. 办理土地不动产权证	复核地方政府移交的房建工程用地边界是否准确

5.3.2 公路建设项目的用地管理工作应包含公路房建工程的用地管理,具体包括以下内容：

　　1　核查公路建设项目的用地预审文件,复核公路建设项目的用地预审指标是否包括公路房建工程用地指标。

　　2　复核公路房建工程用地是否包含在公路建设项目的用地预审红线内。

　　3　完成与公路房建工程用地相关的资料收集,核查公路房建工程用地是否包含在公路建设项目用地勘测定界内。

　　4　核查公路建设项目的用地报审报批组卷资料是否包括公路房建工程用地。

　　5　核查公路建设项目的用地界线报审报批资料是否包括公路房建工程用地。

　　5.3.3　应同步推进公路房建工程的土地和房屋征收工作。公路房建工程管理人员应积极配合和协助公路建设项目征拆工作人员共同做好公路建设项目用地管理工作,为公路房建工程按计划建设创造有利条件,帮助有效开展公路房建工程的选址工作。

　　5.3.4　应在公路建设项目各阶段复核与公路房建工程相关的土地所属区域和土地类别是否正确。

6 勘察设计与咨询管理

6.1 一般规定

6.1.1　公路房建工程应与公路建设项目的主体工程同步设计,符合本指南第1篇第5.2节的规定;具有生产特点、生产性质和生产功能的专项工程(如供热、制冷、排污、餐厨设施和其他新工艺工程)的设计应与公路房建工程的总体设计同步。

6.1.2　宜建立符合公路房建工程设计需求的勘察设计与咨询管理制度,明确各方责任和权限,明确设计管理流程和工作时限。

6.1.3　勘察设计与咨询管理制度应包括建设、勘察、设计、设计咨询和设计图纸审查等单位的质量控制、进度控制、造价控制的考核标准和奖罚措施。

6.1.4　勘察设计与咨询实施方案应包括勘察设计服务架构、人员组成、质量保证、进度计划、限额设计、造价控制和风险控制等内容。

6.1.5　公路建设项目的设计咨询单位应对公路房建工程的各阶段设计文件进行审核,应跟进审核意见的落实情况。

6.1.6　公路房建工程宜推行标准化设计,包括材料标准化、构造做法标准化、构件标准化和布局标准化等,可分步分阶段实施公路房建工程的标准化设计。

6.1.7　公路房建工程设计应符合公路建设项目的初步设计和施工图设计报审报批要求,宜针对管理设施、服务设施、对建设属地具有重要意义的收费天棚等开展建筑概念设计。

6.1.8　公路房建工程的设计文件深度除满足本指南规定外,还应满足现行与公路房建工程有关的设计文件编制深度的规定。

6.1.9　公路房建工程的设计造价文件应满足公路工程造价标准化管理规定,符合报审报批要求,编制范围准确、内容完整,计算数据可追溯,附完整的数据计算过程文件。

6.1.10　公路房建工程的概念设计(如有)估算和初步设计概算宜控制在经批复(或

备案)的公路房建工程投资估算允许范围内,施工图预算应控制在经批复的公路房建工程总概算内,服务设施、管理设施、养护设施、收费设施及其他设施的施工图预算宜分别控制在对应的公路房建工程批复概算内。

6.2 可行性研究

6.2.1 应有建筑工程类的设计人员参与编制可行性研究报告中有关公路房建工程部分。

6.2.2 应有具有公路项目营运管理经验的管理人员、具有建筑工程设计咨询经验的人员参与可行性研究报告的审查。

6.2.3 改扩建公路建设项目应根据营运管理、养护、交通量等需求和规划要求,合理确定利用既有房建设施。

6.2.4 公路建设项目的设计咨询单位应审核项目营运人员编制、使用人数、停车泊位数量、使用面积、建筑面积、用地面积和投资估算的计算结果的准确性、计算依据的合理性和计算过程的完整性,应审核公路房建工程使用功能的合理性。

6.2.5 可行性研究报告应包括以下内容:

1 项目营运管理机构的设置分析与说明。
2 项目营运人员数量的分析过程和计算结果。
3 公路房建工程使用功能说明,公路房建工程的使用人数、停车泊位数量、使用面积、建筑面积、用地面积的计算结果和计算过程。
4 公路房建工程的使用人数、停车泊位数量、使用面积、建筑面积、用地面积计算的依据文件和数据引用的条款说明。
5 改扩建公路建设项目利用原公路项目房建设施的初步调研报告和评估报告。
6 公路房建工程投资估算应反映不同类型房建设施、不同单项工程、不同单位工程或分部分项工程的数量、经济指标和合价。

6.3 初步设计

6.3.1 初步设计阶段应完成公路房建工程建筑概念设计(如有)和公路房建工程初步设计。

6.3.2 公路建设项目的初步设计(含概算)报审报批应包括公路房建工程初步设计文件(含概算)。

6.3.3 建设单位应重点审核公路房建工程的营运人员编制、使用人数、停车泊位数量、使用面积、建筑面积、用地面积、建设标准和选址。

6.3.4 公路建设项目的设计咨询单位应参与公路房建工程初步设计评审,宜有具有公路营运管理经验的管理人员和专家参与公路房建工程的初步设计评审。

6.3.5 公路房建工程的交通组织设计方案应提交公路建设项目的设计咨询单位、交通工程设计单位进行复核。

6.3.6 公路建设项目的设计咨询单位应全面审核公路房建工程的建筑概念设计(如有)和初步设计,审核内容应包括合规性、合理性、经济性等;应审核设计文件深度等是否满足相关规定,应重点审核营运人员编制、使用人数、停车泊位数量、使用面积、建筑面积、用地面积、建设标准和选址等内容。

6.3.7 对于技术复杂的建筑(如装配式建筑、地下建筑等),应开展专项设计评审。

6.3.8 对于改扩建公路项目的公路房建工程,应在初步设计阶段调研既有公路项目房建设施的现状,可结合公路项目实施情况进行必要的结构检测,应评估和论证既有公路项目房建设施的安全和质量。

6.3.9 公路房建工程建筑概念设计(如有)应满足以下要求:

1 建筑概念设计应协调建筑功能、结构功能、造型美观、建造条件和工程造价之间的关系,应综合分析整体与局部之间的关系。

2 建筑概念设计应包括规模分析、功能分析、概念性设计构思说明书、设计图纸、透视图(效果图、鸟瞰图)。

3 概念性设计构思说明应包括项目概况、设计理念、设计特点、文化内涵、建筑节能环保、绿色建筑、人防设计(如有)等。

4 设计图纸应包括区位分析图、现状分析图、总体平面布置图、经济指标分析、建筑概念设计方案分析图、竖向设计图、场地剖面图、主要建筑单体平面图或意向图等。

5 区位分析图应包括地理位置、周边资源分布、分区设计说明。

6 现状分析图应包括场地现状构筑物、竖向分析。

7 总体平面布置图应反映与公路项目主线道路、匝道、互通的关系及距离;表示用地界线及建筑控制线,拟建道路、停车场、广场、地下车库出入口(如有)、消防登高面、消防车道、绿地及建筑物的位置,主要建筑物与用地界线、相邻建筑物之间的距离,拟建主要建筑物的名称、出入口位置、层数与设计高程,主要道路、广场的控制高程,指北针或风玫瑰图、比例、图例、经济技术指标。

8 经济指标分析应包括各个方案的经济指标对比分析及说明。

9 建筑概念设计方案分析图应包括结构布局分析、采用的主要结构形式(混凝土、钢结构、网架、膜、幕墙等)分析与说明、配套建筑分析、空间关系分析、交通分析(车行、人行道路系统,出入口分析)、停车分析(地面、地下停车分析,出入口设置)、景观分析(景观规划理念、意向节点分析)、消防分析(消防通道、登高面分析)、日照分析(包括日照分析图,并附计算方式及当地日照要求)。

10 竖向设计图应包括场地内外设计高程、坡度。

11 场地剖面图应包括必要位置断面图。

12 主要建筑单体平面图应包括平面布局、各功能分区的面积指标。

13 概念设计估算编制范围、内容应与经批准(或备案)的公路房建工程投资估算的范围、内容一致，应分别反映不同类型房建工程设施、不同单项工程、不同单位工程或分部分项工程的数量、经济指标和合价，应与批准（或备案）的公路房建工程投资估算进行对比分析。

14 根据公路建设项目情况提出的其他设计要求。

6.3.10 公路房建工程初步设计应包括以下重点内容：

1 初步设计的建设规模（含使用人数、停车泊位数量、使用面积、建筑面积、用地面积）宜控制在经批复（或备案）的可行性研究报告允许范围内；如果超出规定的允许范围，应有针对性地进行专项分析论证，并提供专项分析论证报告。

2 应符合限额设计、造价控制和满足设计深度的要求。

3 应包括公路房建工程的选址方案，应提供2个或以上的选址方案并进行比选。

4 未开展建筑概念设计的公路房建工程，其初步设计还应满足本指南第1篇第6.3.9条的要求。

5 初步设计应包括初步设计概算，初步设计概算应与初步设计同步完成。

6.3.11 公路房建工程初步设计深度应满足以下要求：

1 应有场地区位、现状特点、周边环境情况、地质地貌特征、设计意图、布局特点、竖向设计、交通组织、景观绿化、环境保护等的分析与说明。

2 应有建筑平面和功能布置设计、建筑立面与建筑造型设计、剖面设计（反映高度和层数不同、空间关系比较复杂的部位），反映主要尺寸（总尺寸、开间、进深尺寸、结构受力体系中的柱网尺寸、承重墙尺寸）。

3 应有结构设计说明，包括主体结构设计使用年限、建筑结构安全等级、自然条件（风荷载、抗震设防烈度等）、工程地质概况（如有必要）、各单体主要结构跨度、特殊结构及造型（钢结构、网架结构、膜结构、大跨径混凝土结构）、地基基础的设计等级及形式，阐述设计中拟采用的新结构、新材料及新工艺等。

4 应有给排水设计说明，包括系统供水方式，估算总用水量（最高日用水量、最大时用水量），热水供应范围及系统供应方式，消防系统种类及水消防系统供水方式，排水体制（室内污、废水的排水合流或分流，室外生活排水和雨水的合流或分流），污、废水及雨水的排放出路，污、废水的处理方法。

5 应有电气设计说明，包括负荷级别和总负荷估算容量，拟设置的变、配、发电站数量和位置设置原则，确定备用电源和应急电源的选型、电压等级、容量，智能化设计，电气节能及环保措施，绿色建筑电气设计，建筑电气专项设计。

6 有绿色建筑建设要求时，应包括绿色建筑设计目标说明，建筑、结构、给排水、电气、消防、通风空调等各专业采用的绿色建筑技术和措施。

7 有装配式建筑建设要求时，设计说明应有装配式建筑、结构、给排水、电气等设计内容。

8 应有初步设计概算。初步设计概算编制范围应准确、内容应完整，编制范围、内容应与经批准的可行性研究报告中公路房建工程投资估算的范围、内容一致。初步设计概算应反映不同类型房建设施、不同单项工程、不同单位工程或分部分项工程的数量、经济指标和合价。

9 初步设计概算文件应附初步设计概算与经批复(或备案)的可行性研究报告投资估算的对比分析结果和说明,并附详细的对比分析报表和分析说明。对比分析内容应包括使用人数、停车泊位数量、使用面积、建筑面积等,所有分析应包括数量、单价(或指标)、总价。

10 根据公路建设项目实际情况提出的其他初步设计要求。

6.4 施工图设计

6.4.1 应在公路建设项目的施工图设计阶段完成公路房建工程施工图设计。

6.4.2 应根据初步设计批复的建设标准和概算开展公路房建工程施工图设计。

6.4.3 建设单位应在施工图设计前,组织相关设计单位召开设计联络会,明确各专业的设计界面和各站点的竖向高程。

6.4.4 建设单位应在施工图设计前,向设计单位提供特殊设备的技术参数和安装条件(如监控中心机房温度、湿度、照度等)。

6.4.5 公路建设项目的设计咨询单位应全面审核公路房建工程的施工图,审核内容应包括建设标准、通用设计等是否符合相关规定和初步设计批复要求以及建筑设计方案和施工技术的可行性与合理性。

6.4.6 公路房建工程的施工图设计宜开展施工图评审,公路建设项目的设计咨询单位应参与评审,宜有具有公路项目营运管理经验的管理人员和具有公路房建工程建设、设计、监理、施工、造价等管理经验的专家参与评审。

6.4.7 具有生产特点、生产性质和生产功能的专项工程(如供热、制冷、排污、餐厨设施等)可由具有相应设计资质的单位完成施工图深化设计。

6.4.8 材料排版、安装定位和家具工艺的设计宜由施工单位负责设计,应由设计单位负责审核。

6.4.9 材料排版、安装定位和家具工艺的设计应在相应部分施工开始前或送样定版前完成,不得滞后。

6.4.10 公路房建工程施工图设计应包括以下重点内容:

1 施工图设计的建设规模(含使用人数、停车泊位数量、使用面积、建筑面积、用地面积)不符合批复概算、使用功能和设计标准同批复初步设计不一致时,应按规定重新报审报批。

2 施工图应有完整的构造设计、工艺设计、节点大样设计和材料标准说明,不得擅自简化设计要求。

3 施工图设计文件应包括施工图预算文件,施工图预算应与施工图同步完成、同步报审报批(或备案),应提供施工图预算与批复概算的对比分析结果和说明。

6.4.11 公路房建工程施工图设计深度应满足以下要求：

1 设计内容应涵盖合同要求的所有专业的设计，包括建筑节能专项设计、装配式建筑专项设计（如有）。各专业设计应有完整的设计图纸（图纸目录、设计说明、计算书）。

2 应有总平面设计（含设计说明、总平面布置、竖向布置、土石方、管道综合、绿化、建筑小品布置、地形复杂的剖面设计等）。应有指北针（风玫瑰图）、设计等高线，应反映保留的地形和地物、场地范围的测量坐标（或定位尺寸）、主线道路边线、建筑控制线、用地界线等，应反映广场、停车场、运动场地、道路、围墙、无障碍设施、排水沟、挡土墙、护坡等的定位（坐标、相互关系尺寸），应反映挡土墙、护坡、土坎的顶部及底部的主要设计高程和护坡坡度。

3 应有建筑设计（含图纸目录、设计说明、建筑平面设计、建筑立面设计、剖面设计、建筑节点设计、主要技术经济指标）。设计说明内容应包括建筑面积、项目设计规模等级、设计使用年限、建筑防火分类和耐火等级、屋面防水等级、主要结构类型、抗震设防烈度、能反映建筑规模的主要技术经济指标等项目概况。建筑平面设计应反映轴网编号及尺寸、门窗尺寸、开启方向、建筑设备和家具的摆放位置、主要结构和建筑构造部件的位置及做法，应有建筑用料说明、室内外装修设计（墙体、墙身防潮层、防水、屋面、外墙面、勒脚、散水、台阶、坡道、油漆、涂料等处的材料及做法、墙体和保温等主要材料的性能要求）。建筑立面设计应反映立面外轮廓、楼层数、楼层层高、高程、主要结构形式、建筑构造部件、预留洞口。剖面设计应剖切到或可见主要结构和建筑构造部件。建筑节点设计应有内外墙和屋面等节点的设计，反映不同构造层次的设计，表达节能设计的内容，标注各材料名称及具体技术要求，注明细部和厚度尺寸，含楼梯、电梯、厨房、卫生间、阳台、管沟、设备基础等位置的局部平面放大及构造详图。

4 应有结构设计，内容包括图纸目录、设计说明、基础设计、建筑结构设计、结构计算书和特殊结构形式的专项设计。

5 应有电气设计，内容包括图纸目录、设计说明、设备及主要材料表、电气计算书等。设计图纸应有电气系统设计图、平面布置图（变、配电所电气设备布置平面图、照明布置平面图、防雷接地布置图等）、控制原理图、安装接线图、安装大样图（详图）。

6 应有给排水设计，内容包括图纸目录、设计说明、设备及主要材料表、给排水计算书等。设计说明应包括主要技术指标（如最高日用水量、平均时用水量，各给水系统的设计流量、设计压力，最高日生活污水排水量、暴雨强度公式、排水设计重现期、设计雨水流量、热水用水量、循环冷却水量及补水量，各消防系统的设计参数、消防用水量及消防总用水量等）、主要设备、管材、器材、阀门等的选型。设计图纸应有给水排水总平面图，室外排水管道高程表或纵断面图，与雨水控制、利用有关的建筑物、构筑物的平面图、剖面图及详图，污水处理系统详图，建筑室内给水排水平面图、系统图、局部放大图。

7 应有采用新技术、新材料和新工艺的做法说明及对特殊建筑造型和必要的建筑构造的说明，内容包括相应的建筑、结构、给排水、电气专业设计和相关的构造详图。

8 施工图预算文件应满足公路工程造价标准化管理要求。施工图预算的编制范围、内容应与经批准的初步设计的范围、内容一致,应反映不同类型房建设施、不同单项工程、不同单位工程或分部分项工程的数量、经济指标和合价。

9　施工图预算文件应附施工图预算与经批复概算的对比分析结果和说明,并附详细的对比分析报表和分析说明。对比分析内容应包括停车泊位数量、使用面积、建筑面积、用地面积等,所有分析应包括数量、单价(或指标)、总价。

6.5　设计变更

6.5.1　建设单位的设计变更管理办法应包含公路房建工程设计变更管理的有关要求。应结合公路建设项目特点和公路房建工程的建设规模等,合理划分公路房建工程的变更类型、变更等级,明确公路房建工程各类变更的审批流程、审批权限、审批时限。

6.5.2　公路房建工程的设计变更方案不宜引起用地范围调整和建筑面积的增减。

6.5.3　公路房建工程的使用功能、建设规模(使用人数、停车泊位数量、建筑面积、用地面积)、设计标准的调整和重大设计变更,宜提供不少于2个方案文件。

6.5.4　对于公路房建工程的重大和较大设计变更,宜开展设计变更论证,设计变更论证应包括安全、技术、工期和造价等内容。宜组织勘察、设计、施工、监理、造价等相关单位或行业专家参与论证。

6.5.5　设计变更文件(报告)应反映各单项工程变更前、变更后和变更增(减)的数量和费用。

6.6　设计界面划分

6.6.1　公路房建工程设计界面与其他专业交叉时,公路房建工程的设计文件应提交给土建设计单位和交叉专业设计单位征求设计审核意见,宜有公路建设项目的土建设计单位和交叉专业的设计单位参加公路房建工程的设计评审会议。

6.6.2　公路房建工程与土建工程的设计界面划分可参考如下标准:

1　宜由土建工程设计单位负责公路房建工程场地的土石方工程设计,由公路房建工程设计单位提供场地的控制高程。

2　宜由土建工程设计单位负责公路房建工程用地范围内的边坡和挡墙支护设计,由土建工程设计单位和公路房建工程设计单位共同确定公路房建工程的用地界线。

3　应由土建工程设计单位负责服务区、停车区的出入口加(减)速车道和贯穿车道的路基设计。

4　应由土建工程设计单位负责收费广场的路基工程和两侧排水设施的设计。

5　应由公路房建工程设计单位负责公路房建工程用地界线内排水源头至用地界线外排水接口间的排水设施的设计、用地界线外的公路房建工程排污专用沟渠和管网的设计。

应由土建工程设计单位负责公路房建工程用地界线外的其他排水接口工程。

6 宜由公路房建工程设计单位负责隧道变电房土建工程的设计。

7 应由土建工程设计单位负责隧道高位水池土建工程的设计。

6.6.3 公路房建工程与路面工程的设计界面划分可参考如下标准：

1 宜由路面工程设计单位负责服务区、停车区的出入口加（减）速车道和贯穿车道的路面工程设计，宜由公路房建工程设计单位负责公路房建工程用地界线内其他行车道的设计。

2 可由公路房建工程设计单位负责管理中心行车道的设计，也可由路面工程设计单位负责管理中心行车道的设计。

3 应由路面工程设计单位负责收费广场道路的路面工程设计。

6.6.4 公路房建工程与机电工程的设计界面划分可参考如下标准：

1 公路房建工程与供电工程的设计界面如下：

1）供电部门供电接线点至公路房建工程的低压配电柜（含柜）之间的供电工程，宜由机电工程设计单位设计。

2）公路房建工程用地界线内供机电设备用电的电力管道预埋工程，应由机电工程设计单位提供设计要求（如管道数量、材质、管径等），宜由公路房建工程设计单位负责设计。

3）应由机电工程设计单位负责收费广场预埋管道工程的设计。从收费站的配电房至收费广场的电力人（手）孔处的供电管道工程，应由机电工程设计单位提供设计要求（如管道数量、材质、管径等），宜由公路房建工程设计单位负责设计。

4）配电房的低压柜出线至用电末端的电气工程，宜由公路房建工程设计单位负责设计。加油站单独建设时，低压柜出线至加油站的预埋管道工程宜由公路房建工程设计单位负责设计，其他工程宜由加油站的设计单位负责设计。

5）应由公路房建工程设计单位负责公路房建工程的室外景观照明工程的设计。公路房建工程其他室外照明工程可由机电工程设计单位负责设计，也可由公路房建工程设计单位负责设计。

2 公路房建工程与弱电工程的设计界面如下：

1）公路房建工程用地界线内的预埋通信管道工程，宜由机电工程设计单位提供设计要求（如管道数量、材质、管径等），宜由公路房建工程设计单位负责设计。

2）应由机电工程设计单位负责收费广场的弱电预埋管道工程的设计，应由公路房建工程设计单位负责收费站机房至收费广场路面人（手）孔处的弱电工程管道部分的设计。

3）从公路房建工程各建筑单体的通信配线架至弱电末端的工程（含线路），应由公路房建工程设计单位负责设计。

4）本指南未明确的其他弱电工程宜由机电工程设计单位负责设计。

3 应由机电工程设计单位负责监控机房机电设施的设计，宜由公路房建工程设计单位负责供监控机房机电设施用电的供电工程的设计。

4　应由公路房建工程设计单位负责隧道变电房的建筑电气工程的设计。

6.6.5　公路房建工程与交通安全工程的设计界面划分可参考如下标准：

1　公路房建工程的围护设施为隔离栅时，宜由交通安全工程设计单位负责设计；围护设施采用非隔离栅时，宜由公路房建工程设计单位负责设计。

2　宜由交通安全工程设计单位负责公路房建工程用地界线内的交通安全工程设计。

3　宜由公路房建工程设计单位负责建筑物内的标志、标牌等的设计。

6.6.6　公路房建工程与绿化工程的设计界面划分可参考如下标准：

1　宜由公路房建工程设计单位负责公路房建工程用地界线内景观工程的设计。

6.6.7　公路房建工程与其他工程的设计界面划分可参考如下标准：

1　应由公路房建工程设计单位负责各站点供水总水表处（不含水表）至用水末端的供水工程的设计。

2　市政供水工程（供水公司供水接驳点至各站点供水总水表之间的供水工程）宜由公路房建工程设计单位负责设计，也可由具有市政供水设计资质的设计单位负责设计。

3　接入市政排水管网的公路房建用地界限外的排水工程宜由公路房建工程设计单位负责，也可由具有市政排水设计资质的设计单位负责设计。

4　宜由公路房建工程设计单位负责自采地下水的供水工程的设计。

6.6.8　各设计阶段的公路房建工程造价编审范围、编审界面应与设计界面一致。

6.6.9　公路房建工程造价的内容和专业划分应与公路建设项目总估（概）算的内容一致，并应符合公路工程造价标准化管理要求。

7 招标管理

7.1 一般规定

7.1.1 公路房建工程的招标管理应满足公路建设项目的招标管理要求，应与公路建设项目主体工程的招标计划、工期计划匹配。

7.1.2 应依据招标文件范本，结合项目特点和建设目标合理调整和细化公路房建工程的各类招标文件的相关条款。

7.1.3 招标文件应明确公路房建工程勘察设计、监理、施工、监测、检测、造价等相关单位的资质和业绩要求，宜明确拟投入人员的职业（执业）资格、职称和从业经历等要求，并纳入合同执行。

7.2 勘察设计招标

7.2.1 公路房建工程的勘察设计（含建筑概念设计、初步设计和施工图设计）宜单独招标。

7.2.2 出省通道、重要通道的公路房建工程，示范服务区、综合性服务区的改扩建工程和对建设属地具有重要影响的公路房建工程等，可采用方案竞赛方式确定建筑概念设计单位，但应满足招投标相关法律法规的规定。

7.2.3 公路建设项目的主体工程或其他专业的勘察设计招标包括公路房建工程勘察设计时，公路房建工程的勘察设计可采用专业分包的方式，其招标文件的报价清单应独立、完整地列明公路房建工程部分各设计阶段的报价项。

7.2.4 公路房建工程的设计招标应提供公路建设项目的建设标准、相关的地质水文资料、其他专业设计资料和公路房建工程的设计任务书，必要时应说明公路项目的营运模式、营运管理架构设置等。

7.2.5 公路房建工程设计招标文件应涵盖限额设计、造价控制措施等内容,宜包括设计方案比选和绿色低碳设计构思等要求。

7.3 监理(检测)招标

7.3.1 公路建设项目的主体工程监理(检测)招标可包括公路房建工程的监理(检测)。

7.3.2 公路房建工程的监理(检测)招标文件应详细描述公路建设项目和公路房建工程的建设情况,包括公路项目的线路走向、房建设施站点设置、公路建设项目和公路房建工程的建设周期等。

7.4 施工招标

7.4.1 公路房建工程施工招标应与公路建设项目主体工程施工招标同步启动。

7.4.2 公路建设项目的主体工程或其他专业工程的施工招标包括公路房建工程时,可按规定专业分包。如采用专业分包,总承包施工单位应将专业分包单位的资质和主要管理人员情况提交建设单位审核。

7.4.3 公路建设项目的主体工程或其他专业工程的施工招标包括公路房建工程时,其招标报价清单应独立、完整地列明公路房建工程部分的报价项。

7.4.4 公路房建工程的施工招标文件应详细描述公路建设项目和公路房建工程的建设情况,包括公路建设项目的线路走向、房建设施站点设置、公路建设项目和公路房建工程的建设周期等。

7.4.5 公路房建工程的施工招标文件应约定施工组织管理、人员配置、机械配置、主要材料(设备)的采购渠道和方式。

7.4.6 公路房建工程施工招标文件应提供施工组织设计编写要求,保障公路建设项目全线各站点施工顺序、工期、人员、材料设备和机械配置的合理性。

7.4.7 公路房建工程施工招标文件应提供公路房建工程部分完整的工程量清单计量、计价和支付的规则。

7.4.8 公路房建工程施工招标文件的报备应附施工图设计批复(报备)意见。

8 合同管理

8.1 一般规定

8.1.1 交通运输主管部门和建设单位宜建立并推行公路房建工程各类型合同范本或标准合同。

8.1.2 应根据公路工程合同范本,结合公路房建工程特点,调整公路房建工程的各类合同的相关条款。

8.1.3 公路房建工程各参建单位拟投入的人员应满足本指南第1篇第4章的规定。

8.1.4 合同应明确拟投入的人员数量、资格、工期要求,明确约定人员履约和工期调整的违约责任,并设置明确且合理的风险分担标准与比例。

8.1.5 合同宜根据进度、质量、人员等要求设置必要的考评条款,并与相关费用关联。

8.2 设计合同

8.2.1 设计合同应明确设计范围、设计内容、设计阶段、设计标准、设计条件、设计质量、设计进度、设计限额、设计成果、设计费用和支付方式。

8.2.2 设计合同应明确设计费用与工程造价、服务范围、服务内容、服务阶段、服务要求(含驻场服务)、服务质量、成果交付、缺陷责任期、竣工验收和支付条款之间的关联。

8.2.3 设计合同应明确约定因设计服务周期调整、工程变更、设计修改、施工期调整等引起设计服务费用变化时的设计服务费用的调整方式和计算标准。

8.2.4 公路房建工程设计费用的计算依据应充分、标准应合理,应综合考虑建筑工程的特点、服务需求、市场情况、人员投入、服务周期等影响设计费用的因素。

8.2.5 设计合同应明确设计存在质量缺陷、设计深度不满足相关规定时的违约与处罚条款。

8.3 监理合同

8.3.1 监理合同应明确监理范围、监理内容、监理工期、监理要求(含安全保障、质量保障、进度保障)、竣工验收、缺陷责任期、监理费用、档案管理、竣工图审核和监理费用的支付方式。

8.3.2 监理合同应明确约定因监理服务周期调整、工程变更、设计修改、施工期调整等引起监理服务费用变化时的监理服务费用的调整方式和计算标准。

8.3.3 公路房建工程监理费用的计算依据应充分、标准应合理,应综合考虑建筑工程的特点、服务需求、市场情况、人员投入、服务周期等影响监理费用的因素。

8.3.4 监理合同应根据服务响应时效、监理成效、安全生产情况、施工质量情况、人员履约情况等设置相应的考核条款,并与监理费用关联。

8.4 施工合同

8.4.1 施工合同应明确约定施工范围、施工内容、施工要求、施工场地移交标准、场地交接时间、合同费用、施工总承包管理费用和各项费用的支付方式,费用支付条款应与竣工图编制、档案管理的时效和质量关联。

8.4.2 施工合同应明确约定暂列金的使用范围、使用要求、计量标准、支付方式。

8.4.3 施工合同应明确约定发包人和承包人各方应承担的价格波动风险责任,合理确定劳务、材料、机械的价格波动风险幅度和价格调整方法。

8.4.4 施工合同应明确约定非承包人原因引起合同工期调整时,相应的赶工、停工、窝工等费用的计价标准和支付方式。

8.4.5 公路房建工程造价文件应反映用地界线内和用地界线外的工程造价。用地界线外的施工道路、施工用水和施工用电等临时工程的造价应符合相关费用计算标准。

8.4.6 公路房建工程的施工招标范围如包含用地界线外的临时工程,合同清单应有用地界线外的临时工程费用的计量与支付清单项,合同应明确用地界线外的临时工程费用的计量规则、计价标准和支付方式。

8.4.7 改扩建公路项目的公路房建工程的造价文件应单独反映临时交通安全设施费用,应依据经批准的临时交通组织方案计算费用。

8.4.8 公路房建工程的施工招标范围包含供公路房建工程施工单独使用的临时交通安全设施时,合同清单应有临时交通安全设施费用的计量与支付清单项,合同应明确临时交通安全设施费用的计量规则、计价标准和支付方式。

8.4.9 公路房建工程施工的合同工期短于标准工期(按建筑工程工期定额计算的工期)时,合同清单应有赶工措施费用的计量与支付清单项,合同应明确赶工措施费用的计量规则、计价标准和支付方式。

9 施工管理

9.1 一般规定

9.1.1　各参建单位应强化施工管理体系的完整性,应重视组织管理、流程管理、计划管理和标准化管理。

9.1.2　各参建单位应结合公路房建工程的实施情况,形成全面、具体、可实施的管理制度和管理流程。

9.1.3　临时工程应符合经济适用、安全环保、方便拆移、循环利用的建设原则。改扩建公路项目的公路房建工程的临时工程设计方案应包括交通组织、通行、交通指引、收费、配套服务等内容,宜采用永临结合再利用的建设模式。

9.1.4　建设单位应合理确定公路房建工程的施工期,应满足公路建设项目的工期计划。公路房建工程的施工期不宜短于标准工期(按建筑工程工期定额计算的工期)的80%,服务设施和管理设施的施工期不宜短于18个月,养护设施的施工期不宜短于12个月,其余设施的施工期不宜短于6个月。

9.2 开工准备

9.2.1　建设单位应督促各参建单位按要求办理有关手续。监理单位应负责跟进施工单位办理各项手续的进度,应审核办理情况是否满足要求。

9.2.2　建设单位应督促监理单位按时完成施工组织方案、专项施工方案的审核与审批。

9.2.3　建设单位应参加第一次工地会议,落实标准化管理,明确施工目标、重点工作和关键管控节点。

9.2.4　建设单位应确定各参建单位的施工界面,核查监理界面与施工界面是否一致,并形成界面确认文件。

9.2.5 建设单位应组织参建单位开展施工现场开工条件的核查工作,办理施工场地交接手续,形成书面交接确认文件。书面交接确认文件应有建设单位、监理单位和施工单位相关人员的签字。

9.2.6 建设单位应督促各参建单位组织所有参建人员开展安全、技术、职业健康等培训和教育。

9.3 施工图会审及设计交底

9.3.1 建设单位应建立设计交底与施工图会审制度,明确参与单位、流程和内容等。

9.3.2 建设单位的公路房建工程主要管理人员、勘察设计单位的项目负责人、监理单位的总负责人或总监、施工单位的总负责人(或项目经理)和技术负责人及造价管理人员应参加设计交底和施工图会审。

9.3.3 建设单位、勘察设计单位、监理单位和施工单位的相关人员应签字确认设计交底和施工图会审记录。

9.3.4 施工单位应在合同签订后30d内完成合同清单的复核并形成书面复核意见,施工单位应将书面复核意见提交发包人。发包人宜在收到施工单位提交的书面复核意见后45d内与承包人完成核对工作。

9.4 安全管理

9.4.1 建设单位和各参建单位应严格执行与安全生产有关的管理规定。

9.4.2 建设、监理、施工等单位应各自制订公路房建工程的安全生产目标,各单位应在开工前以书面文件形式发布。

9.4.3 建设、监理、施工等单位应各自建立公路房建工程的安全生产管理体系。安全生产管理体系应包括以下内容:

1 明确安全生产管理责任,落实安全管理责任主体、第一责任人和安全生产管理人员。

2 明确安全文明施工标准化管理流程、施工分包安全管理流程、安全风险管理流程和安全检查管理流程。

3 明确安全责任量化考核流程、安全事故处理流程。

9.4.4 建设单位应组织各参建单位开展安全文明施工标准化学习,落实安全文明施工标准化配置要求。

9.4.5 建设单位应督促施工单位按合同约定落实安全生产经费,保证安全生产费用足额投入。

9.4.6 建设单位应督促监理单位组织安全生产考核,宜按季度进行考核。

9.4.7 监理单位应核查施工单位的特种作业人员是否具有质量安全监督检验部门颁发的特种作业许可证,应确保特殊工种人员考核合格并持上岗证,符合合同要求和相关规定。相关核查应形成书面记录,并报建设单位核备。

9.5 质量管理

9.5.1 建设单位和各参建单位应分别建立公路房建工程的质量管理体系。质量管理体系应包括质量规划、质量通病防治、标准工艺应用、强制条文执行、重点环节及工序质量控制、质量检查、设备质量管理、质量管理奖罚和质量创优管理等内容。

9.5.2 开工前,施工单位应结合公路房建工程现状、地质情况、设计图纸,编制针对性的施工质量控制标准和手册。质量控制标准和手册应报监理单位审批,报建设单位核备。

9.5.3 监理单位应编制施工质量检查与验收工作手册。质量检查与验收工作手册应包括以下内容:

1 明确中间验收检查和隐蔽工程验收的参与单位、参与部门和参与人员。
2 明确质量检查与验收的流程和时限。
3 明确质量检查与验收的执行标准和检查依据。

9.5.4 公路房建工程的装饰装修工程宜推行样板间(部件、构件)施工标准。

9.5.5 施工单位应提供至少3种不同品牌的装饰装修材料(设备)报监理单位和建设单位选择。施工单位应留存并妥善保管材料(设备)的比选样板,并在工程完工时移交建设单位。

9.5.6 装饰装修材料宜预留一定比例的备品,用于修复缺陷。

9.6 进度管理

9.6.1 建设单位应将公路房建工程的进度管理纳入公路建设项目的进度管理体系,进度管理体系应包括公路房建工程进度的计划、协调、风险、监督、考核等内容。

9.6.2 各参建单位的进度管理应明确进度的目标、计划、协调、风险、监督和考核。

9.6.3 建设单位应督促监理单位跟进并落实施工单位的进度管理责任、进度协调义务、关键节点的进度保障措施、分包工程的进度控制、进度量化考核及奖罚措施。

9.6.4 建设单位应建立施工合同工期的审批流程。如需调整施工合同工期,调整后的工期应符合公路建设项目的工期总目标。

9.6.5 监理单位应每周检查施工进度计划执行情况。

9.7 合同管理

9.7.1 建设单位应组织开展施工合同交底工作。

9.7.2 建设单位应依据施工合同监督检查各类合同的履约情况和执行情况。

9.7.3 建设单位应核查各参建单位的人员投入是否满足合同约定,撤换不满足合同约定条件和工作不称职的主要管理人员。

9.7.4 建设单位应核查现场监理人员和施工单位劳务人员的劳动合同,监督各参建单位按时发放职工工资和劳务人员工资。

9.7.5 监理单位应核查施工单位分包队伍主要人员的资格,确保作业人员人证相符。

9.7.6 建设单位应依据合同约定,处理工程停工及复工、工程变更、合同争议等,审核合同费用和款项的支付手续,办理合同费用的支付。

9.8 技术管理

9.8.1 施工单位应建立公路房建工程的专项技术管理体系,管理体系应包括施工测量、施工方案、专项技术方案、技术交底、技术培训。

9.8.2 施工单位应建立施工图设计文件的审批和移交流程,应按照经审批的施工图设计文件施工。

9.8.3 建设单位应督促监理单位指导施工单位编制施工方案。施工方案经审批前,不得开工。

9.8.4 临时围护设施应根据用地界线、界桩、上下边坡、场地排水口位置、高压进线情况等合理设置。

9.8.5 改扩建公路项目的收费站设施应按照"保证施工期车辆通行通畅"的要求编制施工组织和交通组织设计。

9.8.6 施工方案应根据总体施工组织设计,结合公路房建工程的实际情况,综合考虑工期、质量、造价、施工队伍、机械设备、地质水文条件、场地要求等因素编制。

9.8.7 施工单位应按合同要求,按时编制实施性施工组织设计,按要求报审报批。

9.8.8 对于危险性较大的分部分项工程(如深基坑开挖、爆破、高大模板工程、脚手架搭设、起重吊装拆卸工程等),应严格按相关规定编制专项施工方案。对于超过一定规模的危险性较大的分部分项工程,施工单位应组织召开专家论证会对专项施工方案进行论证、审查。专项施工方案应经施工单位技术负责人和公路房建工程监理总负责人(总监)审查同意并签字确认后实施。

9.8.9 建设单位、土建工程监理单位、公路房建工程监理单位、土建工程施工单位、公路房建工程施工单位应对移交的控制桩进行复测,并由各方代表签字确认形成复测确认文件。控制桩复测符合要求后,进行施工区域测量控制点布设、定位桩测定、轴线桩测定、水准基点测定、施工区域放样。

9.9 信息化管理

9.9.1 建设单位应将公路房建工程的信息化建设、信息化管理纳入公路建设项目的信息化管理系统,与公路建设项目的信息化管理有效衔接、集成和共享,并建立信息化管理制度。

9.9.2 建设单位应向各参建单位提供公路建设项目信息化和公路房建工程信息化的管理标准,工具型软件应具有统一性和兼容性,平台型信息化管理软件应具有兼容性和扩展性。

9.9.3 高速公路房建工程工序验收及施工质量整改(含安全隐患)过程中应引入信息化管理技术,实行可视化管理。其他公路房建工程宜根据实际条件采用视频、先进平台软件等加强工序验收、施工质量和安全管理的检查与整改。

9.9.4 示范性服务区、Ⅰ类服务区、重要通道的管理中心和施工工艺较为复杂的公路房建工程宜采用建筑信息模型技术进行建设管理(设计、施工、竣工等),为实现"管理信息化、生产自动化"奠定基础。

9.10 竣工图管理

9.10.1 建设单位应建立公路房建工程的竣工图管理制度,明确竣工图完成时间,明确竣工图的编制、审核、检验、交接等流程和质量标准,建立竣工图的检查与考核标准。

9.10.2 竣工图编制应与工程施工进度同步。

9.10.3 竣工图应由施工单位负责编制。监理单位应同步审核竣工图,并按月检查、考核竣工图编制情况。

9.10.4 竣工图编制应符合相关规定,应反映实际实施的工程数量,应真实、准确地反映施工图数量、变更数量、竣工数量。

10 验收管理

10.1 一般规定

10.1.1 公路房建工程的竣工验收应符合《关于广东省交通建设项目附属房建工程竣工验收的实施意见》有关要求,参照本指南执行。

10.1.2 需办理房屋产权的公路房建工程的竣工验收应符合住房和城乡建设等相关部门的验收规定,按有关要求执行。

10.1.3 在公路建设项目的主体工程交工验收前,应完成公路房建工程的竣工验收。

10.1.4 公路房建工程在交付使用前应办理竣工验收,不得使用未经验收或验收不合格或未办理移交手续的公路房建工程。

10.2 竣工验收组织

10.2.1 公路房建工程竣工验收应由建设单位负责组织。

10.2.2 建设单位应组织和成立竣工验收小组。竣工验收小组由组长、副组长、验收成员组成。

10.2.3 竣工验收小组应由建设单位上级主管部门、建设、勘察、设计、监理、接收(营运)等单位的相关人员和与本项目无直接关系的技术人员组成,可邀请有关专家参加。

10.3 竣工验收程序

10.3.1 验收申请应由施工单位提出,监理同意验收并出具同意验收意见书后,由建设单位组织竣工验收。

10.3.2 建设、施工、监理、设计、勘察等单位应分别书面汇报工程建设质量状况、合同履约及执行法律、法规和工程建设强制性标准情况。

10.3.3 竣工验收小组应对竣工验收情况进行汇总讨论,并听取质量监督机构对该工程的质量监督意见和建议。

10.3.4 竣工验收小组应审阅建设、勘察、设计、施工、监理等单位的工程档案。

10.3.5 竣工验收小组应实地查验工程质量。

10.3.6 竣工验收小组应形成竣工验收意见,填写《公路建设项目附属房建工程竣工验收报告》和《公路房建工程竣工验收备案表》,竣工验收小组人员在验收报告签字,建设、勘察、设计、施工、监理等单位盖章。

10.3.7 竣工验收发现工程质量存在严重问题、达不到竣工验收标准时,竣工验收小组应宣布本次验收未通过,责成责任单位立即整改,重新确定竣工验收时间。

10.3.8 当竣工验收小组各方不能形成一致意见时,应当协商提出解决办法。当协商不成时,应报质量监督部门进行协调裁决。

10.4 竣工验收必备条件

10.4.1 应具有材料、设备、构配件的质量合格证明资料和试验资料。

10.4.2 应具有勘察、设计、施工、监理等单位签署的质量合格文件。

10.4.3 应具有竣工图、技术档案和施工管理等资料。

10.4.4 应由第三方检测单位进行涉及结构安全和使用功能的施工质量检测,并出具证明文件。

10.5 竣工验收备案

10.5.1 建设工程竣工验收后,建设单位应及时向备案机关办理工程竣工验收备案。

10.5.2 勘察、设计、施工、监理等单位应配合建设单位完成竣工验收备案文件的收集、整理、备案手续等工作。

第2篇
PART 02

设计指引

1 总体设计

1.1 一般规定

1.1.1 应满足功能需求,应采用技术成熟、安全可靠、经济适用、维护便利、绿色、环保和节能的材料。

1.1.2 应坚持品质化、标准化、智慧化等理念,应落实绿色、环保、智慧、健康、舒适等理念,应具有完善的人本化设施,满足高速公路运营管理和人民群众美好出行的需求。

1.1.3 示范性服务区应充分考虑区域规划,融入文化元素,探索和挖掘服务价值,争创"一区一特色"。

1.1.4 应体现地域的气候适应性和文化特点,并满足现代公共建筑的使用要求。

1.1.5 改扩建公路项目宜充分利用和改造原公路房建设施。

1.1.6 应结合广东省装配式建筑的生产、运输、施工等水平开展装配式建筑设计,提升公路房建工程的装配式建筑装配率。

1.1.7 建筑物应与场地融合,场地布局应因形就势、合理布置,有艺术表现、美学特征、品质服务等设计。

1.1.8 设计应合理优化,不宜侵占和切割关联功能空间,保证连廊、亭台、雨棚等兼具设施功能性和景观美观性。

1.1.9 公路房建工程设计除满足本指南的要求外,还应符合国家和行业现行有关标准的规定。

1.2 建设规模

1.2.1 公路房建工程建设规模包括使用人数、停车泊位数量、使用面积、用地面积、建筑面积和工程造价。

1.2.2 公路房建工程的建设规模取值除应满足本指南要求外,还应符合国家和行业现行有关标准的规定。

1.2.3 公路房建工程的建设规模应满足公路项目营运管理的使用需求,应根据公路项目的路线长度、收费模式、交通量、交通环境、公路设计标准、营运管理模式、经济发展影响、附属设施布局、地方规划要求等确定。

1.2.4 使用面积和建筑面积换算应符合国家和行业现行有关标准的规定以及相关文件的要求。无约定时,使用面积系数(使用面积÷建筑面积)的参考取值范围为 0.7~0.75。

1.2.5 新建公路建设项目的服务设施和管理设施应设置一定比例的充电桩,可采用一次规划、分期实施的方式。未设置充电桩的公路项目,宜结合公路项目实际情况,增设充电桩。

1.2.6 公路建设项目的管理设施、收费设施的停车泊位数量应满足公务车辆、营运管理单位的职工车辆、外访车辆的使用需求。

1.3 选址原则

1.3.1 公路房建工程的选址方案比选应对比和分析选址区域的地质、地形、地貌、地方规划、地方保护区、特殊地段等情况。

1.3.2 公路房建工程的选址应优先考虑地质条件良好的路段,应减少占用农田、耕地,不宜选择有土洞、溶洞、软弱土等影响的不利地质路段。

1.3.3 选址实地勘察应调查和分析征地拆迁的可行性,宜优先考虑拆迁量小的路段。

1.3.4 选址实地勘察应调查和分析公路房建工程规划布点、建筑物对场地的需求情况。土石方调配方案应分析公路建设项目的路基工程情况,应避免高填深挖、大规模借方和弃方。

1.3.5 选址实地勘察应调查和分析地面附着物,包括建筑、电力、植被、地形起伏特点、农(经济)作物、养殖、沟渠、自然排水等情况。

1.3.6 选址实地勘察应调查和分析永久用水和用电、周边居民的用水和用电等情况,分析公路房建工程的供水供电方式。

1.3.7 选址实地勘察应调查和分析场地的光照情况、周边环境和景观。宜选择观感舒适和无不良景观的场地。如果场地存在环境敏感点,应按规定进行环境评估。

1.3.8 公路房建工程选址可参考以下标准:

1 服务设施选址应满足广东省服务区规划等有关文件的规定。

2 管理设施选址应考虑线路管理辐射半径和生活便利问题,应优先考虑靠近县城或城镇、兼顾员工日常生活便利的区域。

3 养护设施选址可参考以下标准:

1)应结合管养要求,做到重点路段重点保障,宜靠近隧道群、特长隧道、特大桥梁、自然地质灾害频发和易发路段、特殊路段等。

2）宜设置在公路交会处或立交的出入口附近,宜靠近服务区、集中居住区或路段管理中心等。不宜与管理中心和集中住宿区同址建设;如果条件受限需同址建设,养护设施应设置在管理中心和集中住宿区的下风向位置。

4 收费设施的管理用房选址应考虑与收费广场的距离,距离不宜超过500m。

5 选址时,应分析以下自然因素:

1）选择地势较高、地形平坦、场地排水通畅的区域。

2）避开洪水、海潮、泥石流、滑坡、低洼、内涝等路段,山谷汇水区、陡崖易成瀑布等区域。

3）避开水资源保护区、生态自然保护区等环境保护区域。

6 选址时,应分析以下运输及地理位置因素:

1）选择交通便利的区域。

2）避开有重金属等严重污染和有害地质的区域,避开有易燃、易爆、放射性物品等的不安全区域。

7 选址时,应分析以下经济因素:

1）在经济发达地区和城市周边,应考虑土地利用的综合性和相容性。

2）宜选择容易解决供电、供水、排水、物资供应的区域。

3）避开有大量拆迁建筑物、构筑物、经济作物的区域。

4）避开有高压架空线路、高压燃气管、石油管道的区域。

8 选址时,应分析以下社会因素:

1）避开征迁工作有难度的村镇。

2）避开国防安全与军事用地。

9 选址时,应分析以下与公路项目相关的因素:

1）与公路项目的主体结构和构造物不应发生冲突,选址范围内不应有桥梁、通道、涵洞、跨线桥、天桥等构造物的干扰。

2）公路房建工程用地界线与互通、隧道、匝道、桥梁、天桥等构造物的间距应符合要求。

1.4 材料选用标准

1.4.1 宜选用标准规格的材料,不宜使用非标准规格的材料。宜选用常规色系的材料,不宜使用小众和订制色系的材料。

1.4.2 景观工程可适当使用艺术雕塑,可适当设计水景、仿古建筑、亭台楼阁。有特殊规划要求的示范性服务区和管理中心的景观工程可根据公路项目实际情况确定。

1.4.3 绿化工程不得使用名贵植物、古树、盆景,应控制使用高大乔木。

1.4.4 对于设计选用的材料、构配件和设备,应注明详细的规格、型号、性能等技术指标。

1.5 其他设计标准

1.5.1　总平面设计应反映与公路项目主线的出入口衔接、竖向高程、供水方式、排水接口。

1.5.2　污水处理站应设置在场地高程较低方位。

1.5.3　配电房不宜设置在地势低洼和可能积水的区域。

1.5.4　污水排放宜选择接入市政排污系统。

1.5.5　雨水排放宜就近接入公路项目主线的排水系统。

1.5.6　给排水管网的覆土深度应在冰冻线以下。

1.5.7　服务区和停车区的出入口附近不得设置充电桩、卫生间和修车库。充电桩、卫生间和修车库距离出入口应具有足够的等候和疏散距离。

1.5.8　场地的临时围护设施宜结合永久围护设施规划和建设。

1.5.9　台风多发地区的室外照明灯杆高度不宜超过15m。

1.5.10　各类管线的廊道、井道宜设置在绿化带内,应避开重车行车道轮迹带;否则,应采用合理的处理方式,满足承重要求。

1.5.11　室外机动车的停车泊位宜考虑设置遮阴设施。

1.5.12　停车场与主要建筑间宜设置连廊。

1.5.13　办公楼大门入口前宜设置可供车辆通行的具有遮雨功能的门楼或构造设施。

1.5.14　宿舍楼宜采用首层架空设计,办公楼可采用首层架空设计。

1.5.15　3层及以上的办公楼、宿舍楼宜设置电梯,2层及以上的综合楼可设置电梯。

1.5.16　采用分体空调时,应在建筑物的每层预留空调外机位置。空调管道布设应选择距离最短、弯道最少、维修便利的敷设线路。

1.5.17　宿舍楼设置外走廊时,外走廊宜设置防雨型推拉窗。

1.5.18　宿舍楼的门窗应设置防蚊纱窗,办公楼和综合楼的门窗宜设置防蚊纱窗。

1.5.19　公路房建工程靠近公路或周边存在较大噪声源时,宜设置隔音墙、隔声窗等隔音防噪设施。

1.5.20　配电房出入口应设置满足大型设备进出的通道。

1.5.21　监控中心的净空高度应满足设备安装要求,开间和进深尺寸应满足监视器墙的平面尺寸要求,宜设置独立的设备室、数据室。

1.5.22　阳台与卫生间的水电管线布设应便于维修,宜采用垂直敷设的方式,不宜采用横穿楼板的敷设方式。

2 服务设施

2.1 一般规定

2.1.1 服务设施应满足用路者停留、休息、候车、如厕、用餐、购物、车辆停放、加油(水)、充电、维修与检查等需求。

2.1.2 高速公路服务区的设计应符合《广东省高速公路服务区布局规划》《广东省高速公路服务设施设计和验收指南》等的规定。

2.1.3 服务设施应适应智慧化、信息化的管理发展需求,宜建立统一营运管理平台,实现信息实时发布和即时查询,方便及时救援。

2.2 分类和功能配置

2.2.1 服务设施分Ⅰ类服务区、Ⅱ类服务区和Ⅲ类服务区(停车区)。

2.2.2 服务设施的设置间距、类别和建设时序应符合《广东省高速公路服务区布局规划》,规划新增或调整规划的服务设施应开展专项分析,应以交通运输主管部门批复为准。

2.2.3 Ⅰ类服务区应具备停车、如厕、购物、餐饮、加油、医疗救助、车辆保养维修等服务功能。根据服务区所处的位置和路段情况,可设置住宿、旅游休闲(含房车营地)、商务会议、物流仓储、商业综合体等设施。

2.2.4 Ⅱ类服务区应具备停车、如厕、购物、餐饮和加油的服务功能。根据路段情况,可设置住宿设施。

2.2.5 Ⅲ类服务区(停车区)宜设置在Ⅰ类和Ⅱ类服务区之间,应具备停车和如厕的服务功能,宜设置购物、餐饮设施,可根据具体情况设置加油设施。

2.2.6 Ⅰ类、Ⅱ类服务区功能配置标准可参考表2.2.6。

Ⅰ类、Ⅱ类服务区功能配置参考标准　　　　表 2.2.6

功能类型		服务区分类	
		Ⅰ类服务区	Ⅱ类服务区
如厕	公共厕所	★	★
	残疾人专用公共厕所	★	★
	第三公共厕所	★	★
公共场区	室内外休息区	★	●
	停车区	★	★
	危险品运输车辆专用停车区	★	★
	牲畜运输车专用停车区	★	★
	监控设施布设区	★	★
	各类消防器材存放区	★	★
加油(气)站、充电站	加油站	★	★
	充电站	★	★
	加气站	●	●
车辆维修	维修车间	★	★
综合服务	交通及气象信息服务设施	●	●
	咨询服务台	●	●
	停车位容量信息设施	★	●
	母婴室	★	★
	残疾人专用通道	★	★
	监督公示栏	★	★
	24小时免费开水	★	★
	综合信息服务网站	●	●
	医疗救护	●	●
	银行	○	
餐饮		★	★
驾乘人员住宿		●	●
工作人员食宿		★	★
便利店或超市		★	★
柴油存放室		★	★
应急物资储备室		★	★
商务与休息室		○	
长途客运中转站		○	
物流中心		○	
商业中心		○	

续上表

功能类型	服务区分类	
	Ⅰ类服务区	Ⅱ类服务区
旅游休闲中心	○	
农产品集散中心	○	
会展中心	○	

注：★为必建功能，●为选建功能，○为拓展功能。

2.2.7　Ⅲ类服务区(停车区)功能配置标准可参考表2.2.7。

Ⅲ类服务区(停车区)功能配置参考标准　　　表2.2.7

功能类型	停车区
停车区	★
公共厕所	★
室内外休息区	★
加油站	●
餐饮	●
工作人员食宿	★
车辆维修车间	●
便利店或超市	●

注：★为必建功能，●为选建功能。

2.3　建设规模

2.3.1　服务设施的建设规模应根据公路项目的设计交通量、交通组成、自然环境、用地条件等因素进行分析和计算，通过论证确定。

2.3.2　建筑面积和停车泊位数量可根据通车后第10年的预测交通量设计。预留发展用地、预留建筑物和构筑物可根据通车后第20年的预测交通量设计。应预留汽车充电、液化天然气加气设施等服务用地。

2.3.3　服务设施可与公共汽车停靠站、长途汽车站、物流中心、公路治理超限超载站、联合执法站等设施合建。

2.3.4　服务区工作人员配置可参考以下标准：

1　Ⅰ类服务区工作人员60~200人。

2　Ⅱ类服务区工作人员40~80人。

3　Ⅲ类服务区(停车区)工作人员20~60人。

2.3.5　服务区用地面积和建筑面积标准可参考表2.3.5。

服务区用地面积和建筑面积参考标准　　　　表2.3.5

服务区类型	用地面积(亩/处)	建筑面积(m²/处)
Ⅰ类服务区	120~300	8000~46000
Ⅱ类服务区	60~120	4500~10000
Ⅲ类服务区(停车区)	15~60	1000~4500

注:1.关于用地面积取值:
　　(1)应根据交通量、交通组成、地形、地貌等计算和分析确定。
　　(2)本表用地面积不包含服务区出入口加减速车道、贯穿车道及填(挖)方边坡、边沟等用地,不含与服务区合建的设施用地,不含拓展设施用地。
　　(3)承担重大灾害应急保障等功能时,可适当增加面积。
　2.关于建筑面积取值:
　　(1)应根据管运人员配置、服务区定位、功能要求、相关标准和文件等计算和分析确定。
　　(2)无选建功能和拓展设施时,建筑面积宜取小值。

2.3.6　服务设施总用地面积应包括各类设施用地面积。项目的交通量和大型车比例与基准值的编制条件不同时,用地面积指标可调整。在用地条件紧张的情况下,应优先保障停车、如厕等基本服务功能的用地。

2.3.7　服务区的停车泊位数量标准如下:

1　Ⅰ类服务区单侧停车泊位总数应大于150个,Ⅱ类服务区单侧停车泊位总数应大于120个,Ⅲ类服务区(停车区)单侧停车泊位总数应大于30个。各类停车泊位的设计数量应根据项目可行性研究报告的预测交通量进行分析、计算和确定。

2　服务区应设置无障碍停车泊位。每侧停车泊位总数在100个以下时,无障碍停车泊位应不少于1个;每侧停车泊位总数在100个以上时,无障碍停车泊位数应不少于总停车泊位数的1%。

3　危险品运输车辆停车泊位数应满足危险品运输车辆进入公路服务区临时停放分类管理的相关规定和要求。

2.4 总体规划设计

2.4.1　服务设施规划设计应按服务功能分为车辆功能区、人员活动区和附属设施区:

1　车辆功能区包括对外服务道路、停车场(货车区、危险品运输车辆区、客车区、小车区)、加油站、汽车修理间、加水设施、内部通道等。

2　人员活动区包括公共厕所(含无障碍公共厕所、第三公共厕所)、母婴室、超市、室内休息场所、餐厅、管理用房、员工宿舍、休闲运动区等。

3　附属设施区包括变配电设施、供排水设施、污水处理设施、垃圾处理设施等。

2.4.2　服务设施总平面的规划分区应合理,应满足驾乘需求、客货分离、车流和人流通畅。

2.4.3 各功能分区宜利用景观设施、标识标线等进行区分或隔离。

2.4.4 附属配套设施应以保障功能、方便使用、方便管理为目标,综合考虑风向、地形、管线布置、景观效果等因素,遵循兼顾集中和分散布局、独立和混合使用并重的原则,统筹布局、集约节约建设、合理利用场地,宜设置在场地隐蔽区域。

2.4.5 服务设施平面总体规划形式宜参考如下标准:

1 分离型:服务设施沿公路线路两侧分别布置停车场,按上、下行方向规划为两个对称的独立区域,在线路两侧的区域之间设置供小型车辆通过的双车道联络通道,以满足错峰期可共用停车场(图2.4.5-1)。在建设条件允许时,宜采用分离型布置方式。

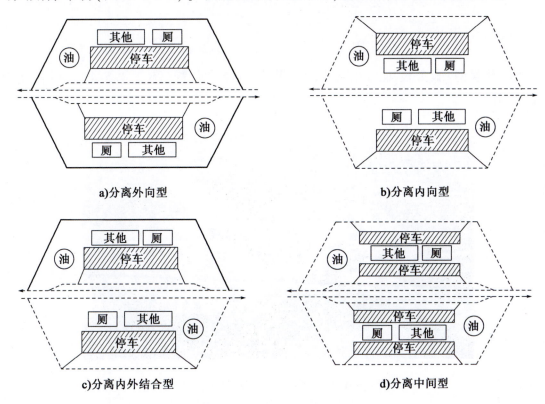

图 2.4.5-1 分离型布置示意图

2 单侧聚集型:服务设施全部集中布设在公路线路一侧,整体规划为一个区域,在上、下行两个方向的车辆使用区域之间设置隔离设施(图2.4.5-2)。

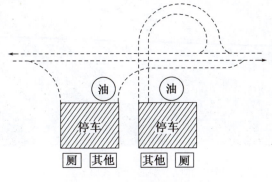

图 2.4.5-2 单侧聚集型示意图

3 中央聚集型:服务设施全部集中布设在公路线路中间,整体规划为一个区域,在上下行两个方向的车辆使用区域之间设置隔离设施,限制车辆"U"形掉头转向(图2.4.5-3)。

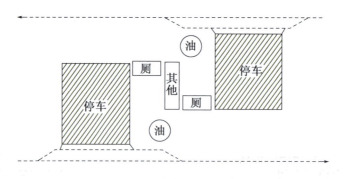

图 2.4.5-3 中央聚集型示意图

4 合并设置型:服务设施与互通立交或收费站合并设置(图2.4.5-4)。可在建设条件受限制时采用。

a) 合并设置型的分离式服务区1

b) 合并设置型的分离式服务区2

图 2.4.5-4

c)合并设置型的单侧聚集式服务区1

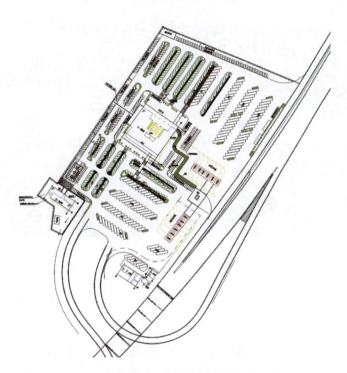

d)合并设置型的单侧聚集式服务区2
图 2.4.5-4 合并设置型服务区示例

2.5 总平面布局设计

2.5.1 平面设计

1 办公生活区域与公共服务区域应相对独立,应设计分隔设施。

2 对外服务的主建筑宜独栋设计,宜布置在景观、朝向较好的位置。

3 停车场宜集中设置,应区分大型车、小型车、客货车停车场(图2.5.1-1)。建设条件允许时,办公生活区域可设置独立的停车场。

a)

b)

图 2.5.1-1　服务区场区总平面布置示例

4　停车场应与其他建筑物、构筑物保持足够的安全距离,不得设置在服务区场地的出入口和加油站的出入口。

5　应设置独立的特种车辆、危险品运输车辆停车场,宜设置硬隔离设施或隔离带。建设条件允许时,危险品运输车辆停车区域宜设置在服务区场地的常年主导风向下风口。

6　应分开设计主、次车道的行车路线。

7　宜分区设置、可合并设置污水处理站。

8　服务区的场地出入口处应预留标志标识牌的位置。

9　停车场通至公共厕所、服务楼等应有无障碍设施。

10　用地受限制和有战备要求时可开发利用地下空间,地下宜停放小型车辆,地面宜停放大型车辆。

11　应结合服务区车辆特点,合理优化停车位布置(图 2.5.1-2、图 2.5.1-3)。

2.5.2　竖向设计

1　应严格控制场地高程,结合场地排水和交通组织的要求、场地挖方和填方的数量,合理确定场地设计高程。

图 2.5.1-2　货车物流特色服务区场区总平面布置示例

图 2.5.1-3　货车物流特色服务区服务楼效果示例

2　应合理利用天然地形,可通过设置人行台阶和利用绿地适应高差较大的地形。

3　填方段场地的地面高程宜低于相邻道路和匝道的路肩高程,与相邻道路应以合理的坡度衔接,与主线道路宜以缓坡连接。场地其他地面的高程应满足排水及防洪的要求,应减少场地填方数量。

4　应充分考虑加油站区和变配电房的自然散水,结合排水设施的配置,确保(特别是油罐区)不积水。

5　停车场应有良好的雨水和污水排放系统。雨水和污水排放系统应分流设置。停车场与停车场通道平行方向的排水纵向坡度不应大于1%,与通道垂直方向的排水坡度不应大于3%。

2.5.3　交通组织设计

1　应区分人流和车流,人流和车流不宜交叉或混合(图2.5-3)。

2　车流组织设计应符合以下原则:

1)服务区内的车流宜为单向,避免车流交叉。

a)

b)

图 2.5.3 服务区场地总平面分区及交通组织设计示例

2）货车停车区域和客车停车区域宜分开。

3）应根据车型特点确定车辆进入停车场和停车位的方式,保证车辆进出车位安全。

4）车流组织设计应考虑人流的影响。

3 服务区的各个设施之间应有人行通道。

2.5.4 道路及停车位设计

1 行车道宽度宜按以下标准：

1）主要道路通道：7~8m。

2）次要道路：4m。

3）大型、特大型货车停车场的通道：9~12m。

2 混合车辆的车道转弯半径应满足最大型车辆使用需求,道路转弯半径宜符合以下标准：

1）大型货车：不小于24m。

2）大客车：不小于18m。

3）小型车：不小于9m。

4）场地进出口与道路贯穿车道的连接转弯：不小于30m。

3　停车位尺寸宜符合以下标准：

1）小型车：3m×6m。

2）大型客车：4m×15m。

3）载重汽车：4m×18m。

4）铰接客车、拖挂车和其他超长超宽车辆：4m×22m。

4　危险品运输车辆停放区

1）危险品运输车辆宜分组停放，每组停车位数量不宜超过50个，各组之间的防火间距不应小于6m。

2）在服务区的入口匝道和场地内的主要道路应设置引导标识，在停放区域应设置指示标识和安全警示。

2.6 建筑设计

2.6.1　服务楼总体设计

1　服务楼宜独栋设计，宜布置在景观、朝向较好的位置。

2　服务楼应满足驾乘人员对如厕、休息、购物、餐饮、茶座、客房、信息获取等服务的需求。可参考图2.6.1-1的开敞式布局。

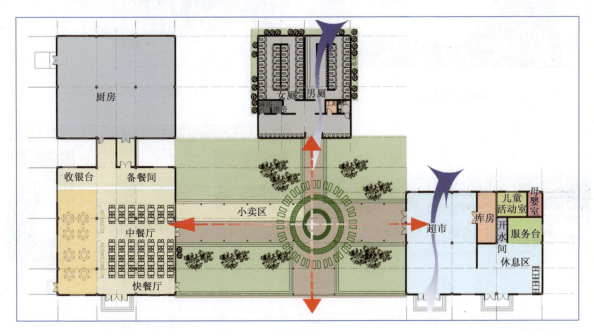

图2.6.1-1　服务楼开敞式布局参考图

3　服务楼距停车场区域应有适当距离，入口应醒目。

4　快餐厅、休息厅、商铺宜在同一建筑内，宜设置在首层，宜采用连廊连接。

5　快餐厅、休息厅的室内空间应宽敞通透。

6　在设计时，宜对服务楼进行通风模拟，应注意冬季避风和其他季度有效利用自然通风，与广东气候特征相符。

7　服务楼建筑设计应符合时代特征，满足现代公共建筑的使用和审美要求（图2.6.1-2）。

a) 现代简约建筑风格　　　　　　　　　　b) 现代简约建筑风格

c) 现代简约建筑风格　　　　　　　　　　d) 新中式建筑和传统民居风格

e) 新中式建筑和传统民居风格　　　　　　f) 新中式建筑和传统民居风格

图　2.6.1-2

g) 新中式建筑和传统民居风格

图 2.6.1-2　建筑风格示意图

8 服务楼建筑设计应结合地域文化特点，体现地域文化风情（图 2.6.1-3）。

a)　　　　　　　　　　　　　　　　b)

c)　　　　　　　　　　　　　　　　d)

图 2.6.1-3　地域特色建筑设计示例

9 应结合服务区定位，开展特色服务区和综合性商业服务区建筑设计（图 2.6.1-4）。

10 跨境通道和重要交通干道的服务区应重点设计，采用较高的建筑标准，引领时代潮流，打造国际化顶尖设计（图 2.6.1-5）。

a)

b)

图 2.6.1-4 综合性商务服务区示例

a)

b)

图 2.6.1-5 深中通道西人工岛建筑设计示例

11 应注重建筑内部景观设计,打造建筑室内景观小品,体现地域风土人情或现代流行趋势等(图 2.6.1-6)。

a)

b)

图 2.6.1-6 服务楼内部建筑景观设计示例

12 应注重服务楼建筑内部的商业设计,打造舒适且具有特色风情的商业氛围(图 2.6.1-7)。

图 2.6.1-7　服务楼内部商业设计示例

13　应针对服务楼开展建筑夜景设计（图 2.6.1-8）。

图 2.6.1-8　服务区夜景示例

2.6.2 卫生间

1 公共厕所宜设置在靠近大客车停车场和服务楼处,也可设置在服务楼内,应独立、明显(图2.6.2-1),与其他使用功能分区保持一定间距。

a)

b)

图 2.6.2-1　服务楼公共厕所示例

2 Ⅰ类和Ⅱ类服务区的公共厕所距停车场不宜超过50m,Ⅲ类服务区(停车区)内的公共厕所距停车场不宜超过30m。

3 公共厕所不应设置在服务区、停车区、加油站出入口,应满足车流与人流疏散要求。

4 应依据《广东省高速公路服务区设计和验收要求》的相关规定确定公共厕所的规模和洁具数量。女厕位与男厕位(含小便站位)的比例应不小于1.5∶1,宜大于2∶1。

5 公共厕所的平面布局、流线设计应合理,应满足疏散要求。

6 公共厕所的设计风格、造型、装饰装修风格应与场地内主要建筑相协调。

7 公共厕所应设置独立的无障碍坡道、无障碍公共厕所、第三卫生间和母婴卫生间。母婴室可与公共厕所的母婴卫生间合并设置,也可独立设置(图2.6.2-2)。

a)　　　　　　　　　　　　　　　b)

图 2.6.2-2　服务楼母婴室示例

8　公共厕所应按干、湿分区的原则布置，应满足分区清扫和依据客流量分区开放的要求。

9　公共厕所的管理用房、清洁用房宜与公共厕所合并设置，也可单独设置。

10　公共厕所宜设置可移动隔断实现男女厕位的灵活转换和疏导人流。

11　男公共厕所应设置至少1个儿童小便器，男、女洗手间应各设置至少1个儿童洗手盆。

12　男公共厕所的小便位应独立设计，不宜采用小便槽。

13　卫生间蹲位的尺寸不宜小于1.4m×1m。

14　卫生间应选用易洁、维护成本低的建筑材料。

15　卫生间地面宜采用防滑效果好的地面砖。

16　公共厕所的盥洗室宜独立设置，洗手池下宜采用排水效果良好的格栅。

17　公共厕所的大便器宜采用脚踏式延时冲水阀或具备人工触动开关的自动感应冲水阀，小便器宜采用感应或定时冲水器。

18　洗手水龙头可采用感应式龙头。使用频率高的水龙头宜采用耐用的手按延时阀。

19　洗手供水管网与其他冲水管网应独立设置。

20　公共厕所宜结合当地气候特征，采用自然通风和采光的设计（图2.6.2-3）。

a)　　　　　　　　　　　　　　　b)

图　2.6.2-3

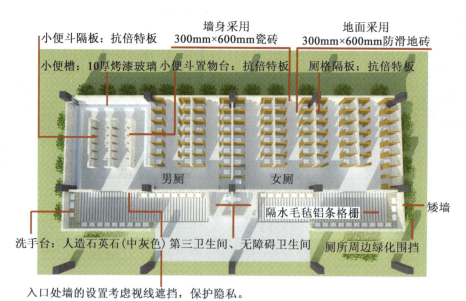

c)

图 2.6.2-3 开敞式公共厕所示例

2.6.3 超市

1 根据公路项目的实际情况,可设置综合性超市、土特产超市和 24 小时便利店。应根据经营模式,结合使用流线合理设置。

2 超市宜靠近服务楼的主入口,可集中设置,也可分散设置,宜与室内休息区紧密结合。

3 每个购物设施应设置独立的购物区或购物流线。

4 超市设计应满足仓储需求。

5 内部布局宜方正,四周宜采用通透的钢化玻璃隔断。

2.6.4 餐厅

1 根据公路项目的实际情况、宜设置快餐厅、中餐厅,可设置一定比例的小型独立房间。

2 厨房设计应满足初加工、副食热加工、主食热加工、冷荤加工、洗消加工、主食存储、副食存储、餐厨人员更衣和如厕、餐厨及管理人员办公休息的需求。

3 餐厅净高不宜小于 3.6m,应分区明确,开敞明亮。装饰材料应防尘、易清洁。

4 厨房的设计应符合国家和行业现行有关标准的规定,还应符合广东省现行餐饮业食品卫生许可条件的有关规定。

5 以柴油、燃气为燃料的主食热加工间应设置油罐间、气罐间,对外应设置甲级防火门。

6 油罐间、气罐间与厨房间应设置防火墙,防火墙的耐火极限应不小于 3h。

7 热加工间的外墙如果有开口,其开口上方应设宽度不小于 1m、长度超过开口至少 1m 的防火挑檐。

2.6.5 客房或"司机之家"

1 Ⅰ类服务区宜设置客房或"司机之家",Ⅱ类服务区可设置客房或"司机之家"。

2 客房或"司机之家"应布置在相对安静的区域,远离停车场;靠近停车场布置时,应采取防噪措施。

2.6.6 办公楼、宿舍楼

1 分离式布设的服务区,宜将办公楼和宿舍楼集中在线路一侧设置,办公楼和宿舍楼宜独幢设计。

2 办公楼的使用面积和建筑面积应根据各功能区域的实际需要确定。

3 办公楼应满足工作人员办公、就餐等使用需求,应设置办公室、会议室、餐厅、厨房、仓库等。餐厅、仓库等宜设置在办公楼的首层。餐厅、办公室等公共区域应设置公共厕所。

4 宿舍楼宜采用单廊平面形式。

5 宿舍楼的卫生间和阳台宜分别设置盥洗台(盆)。阳台应预留洗衣机位置、给排水接口。

6 宿舍楼应有冷热水供应。根据实际情况可采用太阳能或太阳能加热泵等集中热水系统供应热水,也可采用独立电热水器供应热水。

7 宿舍楼应设置有效的隔音设施。

2.6.7 汽车修理间

1 汽车修理间的开间和进深应满足大型车辆的使用要求,应设置修车槽、储藏室、卫生间、办公室。

2 汽车修理间的层高应不小于4.80m。大门的高度和宽度应符合国家和行业现行有关标准的规定,满足大货车的进出要求。

3 汽车修理间检修坑的宽度宜为0.7~1.0m,深度宜为1.0~1.4m,长度应长于车身长度0.5~1.0m,坑内应设置壁灯、工具槽。

2.6.8 加油(气)站

1 加油和加气站的设计应满足与加油站、加气站设计和施工等有关的现行标准的规定。储油、储气等的存放位置规划应在公路房建工程的施工图设计阶段完成,保证使用安全。

2 加油站的使用面积和建筑面积应满足公路项目第20年预测交通量的需求,用地面积宜为4000~5000m²/侧。规划设置加气站的服务区、停车区应预留发展用地。

3 加油站宜设置于服务区、停车区的出口处,其平面设计应与总平面布局相匹配,应保证交通流线顺畅。

4 改扩建公路项目的加油(气)站宜采用原位改造方式,避免拆除新建和重新报建。

2.6.9 景观设计

1 景观工程应结合场地布局合理设计。

2 进出车道两侧及中大型车辆的停车场不宜种植易遮挡视线的灌木;小型车停车场可种植能遮阴的乔木;服务楼室外休闲活动区域、休息区域可与园林景观结合设置;办公生活区域可设置供休憩的园林绿化,可种植冠幅较大的乔木(图2.6.9)。

图2.6.9 服务区室外景观绿化

2.6.10 监控设计

1 监控系统包括加减速匝道监控、场区交通监控、安保系统。

2 减速匝道监控应设置高清卡口,应由机电工程设计单位负责设计,设备参数应由机电工程设计单位确定。进口和出口匝道应各设置至少1套摄像机。

3 场区交通监控范围应覆盖主要道路与停车场。

4 安保系统应包括室内安保系统、室外安保系统(含屋顶摄像机)。

5 室外安保系统监控范围应包括服务楼、变配电房等,监控视角应能覆盖建筑物外墙四周。

6 室内安保系统监控范围应包括商铺、餐厅、室内休息区等人流密集点和对外服务主建筑内的主要通道、走廊等区域。

2.6.11 给排水设计

1 服务区采用双侧布置时,其给水系统应统筹考虑,消防、供水设施的供水设备、泵房等宜集中设置于线路一侧。

2 服务区采用双侧布置时,其线路两侧的排水应设计为独立系统,排水处理设施应分置于线路两侧场地内。

3 Ⅰ类和Ⅱ类服务区每侧的厨房隔油池宜不小于3m^3,Ⅲ类服务区(停车区)每侧的厨房隔油池宜不小于2m^3。

4 Ⅰ类和Ⅱ类服务区每侧的公共厕所化粪池宜不小于30m^3。

5 地下人行通道两侧应设置集水坑。集水坑排水宜优先考虑就近接入项目主线的排水系统;如果条件不允许,集水坑应采取动力泵排水措施。

3 管理设施

3.1 一般规定

3.1.1 管理设施应满足公路项目管理、收费等人员办公、住宿、餐饮和活动的需要。
3.1.2 办公楼和综合楼宜独立设置。
3.1.3 监控通信设施用房宜与管理设施合并建设。
3.1.4 公路项目的建设档案存储设施宜与管理设施合并建设。
3.1.5 公路项目的其他不宜单独设置的设施可与管理设施合并建设。

3.2 分类和功能配置

3.2.1 管理设施可分为管理中心、集中住宿区、分站式住宿区。
3.2.2 管理设施的功能配置标准可参考表 3.2.2。

管理设施功能配置参考标准　　　　　表 3.2.2

功能类型		设置模式		
		管理中心	集中住宿区	分站式住宿区
管理功能	监控中心用房	★	●	●
	通信中心用房	★	●	●
	集中机房	★	★	★
	办公室	★	★	★
	会议室	★	★	★
	票据管理室	★	★	★
	凭证管理室	★	●	●
	图书室、资料室	★	★	★

续上表

功能类型		设置模式		
		管理中心	集中住宿区	分站式住宿区
管理功能	档案室	★	★	★
	党建室	★	★	★
	值班室	★	★	★
	仓库	★	★	★
住宿功能	宿舍	★	★	★
	管理用房	★	★	★
	接待用房	★	●	●
	公共厕所、盥洗室	●	●	●
	洗衣区、晾衣区	★	★	★
	辅助用房	●	●	●
餐饮功能	餐厅	★	★	★
	厨房	★	★	★
	杂物间	★	★	★
	煤气间	★	★	★
活动功能	室内娱乐、康体室	★	★	★
	室外运动场	★	★	★
	室外活动、休息区	★	★	★
附属功能	发电机房	★	★	★
	配电房	★	★	★
	水泵房	★	★	★
	停车库、停车场	★	★	★
	传达室	★	★	★
	小卖部	★	★	★
	污水处理设施	★	★	★
	垃圾处理设施	★	★	★
	机械室	★	★	★
	维护室	●	★	★
	柴油存放室	★	★	★
	应急物资储备室	★	★	★

注：★为必建功能，●为选建功能。

3.3 建设规模

3.3.1 应综合考虑公路里程、收费模式、管理模式等因素合理确定管理设施的停车泊位数量、使用面积、建筑面积、用地面积。

3.3.2 用地面积指标宜按以下标准：

1 道路、广场、停车场的用地面积比例宜为25%～35%。

2 建筑用地面积比例宜为15%～20%。

3 绿化用地面积比例宜为30%～40%。

4 活动用地面积比例宜为10%～20%。

5 预留用地面积比例宜为5%～10%。

3.3.3 单独设立的管理中心、集中住宿区和分站式住宿区用地面积宜符合表3.3.3的要求，可根据需求增加拓展功能用地。

管理设施用地面积参考标准　　　　　　　　　　　表3.3.3

办公及居住人员数量(人)	用地面积(亩)	办公及居住人员数量(人)	用地面积(亩)
(1,100]	[30,50]	(300,500]	[120,150]
(100,200]	[50,100]	(500,)	[150,200]
(200,300]	[100,120]		

注：1. 人员数量包括办公人员数量和居住人员数量，用地面积指标按场地平面面积计算，不包括场地边缘外的填(挖)方边坡、边沟以及与主线连接道路的用地面积(此部分用地面积应按实际设计方案计算)。

2. 表格数值为推荐取值范围标准，应结合公路项目的营运人员配置、管理模式、征拆等实际情况，通过研究计算后确定具体取值。

3.3.4 办公用房使用面积可参考表3.3.4。

办公用房使用面积参考标准　　　　　　　　　　　表3.3.4

名　　称	类　　型	使用面积指标
办公室	经营班子办公室	15～25m²/人
	中层管理人员办公室	10～15m²/人
	一般工作人员办公室	6～10m²/人
监控设施	路段监控中心	200～400m²/项目
会议室	大型会议室	100～300m²/间
	中型会议室	50～70m²/间
	小型会议室	20～40m²/间
档案室	路段中心档案室	100～400m²/项目
	其他站区档案室	50～100m²/处
财务管理	票据室	15～25m²/间
	凭证室	15～25m²/间
文化生活	党建活动室	20～30m²/间
	图书室	20～30m²/间
	资料间	15～20m²/间
杂物间	—	20～50m²/间

续上表

名　　称	类　　型	使用面积指标
值班室	—	15~25m²/间
仓库	路政仓库	80~120m²/处
	管理中心、集中住宿区仓库	80~120m²/处
	机电设施仓库	80~120m²/处
配电房	—	80~150m²/处
其他功能设施	餐厅	根据营运人员编制、使用功能而定，应满足国家和行业现行有关规范的规定
	厨房	
	水泵房	
	污水处理	
	其他	

注：人员数量包括办公人员数量和居住人员数量。

3.3.5 居住用房使用面积可参考表3.3.5。

居住用房使用面积参考标准　　　　表3.3.5

职务类型	使用面积指标(m²/人)	职务类型	使用面积指标(m²/人)
经营班子	30~55	一般工作人员	15~25
中层管理人员	25~35		

注：使用面积包括卫生间面积，不包括阳台、走廊和楼梯占用面积。

3.3.6 停车泊位数量可参考以下标准：

1　外访车辆的停车泊位数宜按公务车辆和职工车辆停车泊位数的20%设置。

2　管理中心的轿车停车泊位宜不少于50个，大巴车的停车泊位应不少于2个，中巴车的停车泊位应不少于3个。

3　集中住宿区的轿车停车泊位宜不少于20个，大巴车停车泊位应不少于1个，中巴车停车泊位应不少于2个。

4　分站式住宿区的轿车停车泊位宜不少于10个，大巴车停车泊位应不少于1个，中巴车停车泊位应不少于1个。

5　停车泊位数量可根据管理设施与地级市城区的距离在20%范围内上调或下调。

3.4　总体规划设计

3.4.1　管理设施应结合项目的线路走向、管理辐射距离、城镇距离、规划布点等选择设置方式。

3.4.2　一个独立建设和营运的公路项目宜设立1个管理中心。

3.4.3　里程在200km以内的项目，宜设置1个管理中心负责项目营运管理；里程超过200km（含200km）的项目，可设立1个管理中心负责项目营运管理统筹工作，同时设立若干分中心分段负责项目营运管理。

3.4.4 集中居住区的辐射半径宜控制在25km以内。偏远、零星的项目可结合项目的实际需要、收费站的间距和规模,灵活设置居住区。

3.4.5 应开展选址的论证和比选。

3.5 总平面布局设计

3.5.1 应有明确的功能分区,包括办公区、生活区、活动区、辅助设施区,应遵循便于使用、整体有序、距离合适的设计原则。

3.5.2 应按照尊重自然、生态优先的原则合理安排功能区,应节约用地,适应自然环境,创造人与自然交流的空间。

3.5.3 应结合具体工程特点及使用要求,预留建设发展用地。

3.5.4 应结合用地自然地形、周围环境、地域文化、建筑环境确定建筑朝向(图3.5.4)。

a) b)

图 3.5.4 管理中心总体鸟瞰示例

3.6 建筑设计

3.6.1 建筑总体设计

1 应以人为本,尊重使用者的感受,营造舒适的环境。

2 应以保证基本功能为主,结合地方经济发展需要,合理确定使用面积和建筑面积。

3 应远近结合、适度超前,既满足管理、办公、居住、活动的需要,又体现节约、环保理念。

4 应根据经济原则选择建筑材料,根据建筑性质、周围环境、社会经济和技术条件等确定建筑定位。

3.6.2 办公楼

1 办公楼宜设在距离中心主出入口较近和较明显的区域。

2 办公楼、综合楼的建筑形式宜简洁大方,突显辨识性(图3.6.2-1)。

a)   b)

图 3.6.2-1 办公楼示例

3　办公楼主入口应设置供上、落车的区域,其上方应设遮雨设施。
4　财务室、票据室应设置防盗门窗。
5　机房内和会议室内空间不宜设柱。
6　办公楼平面布置可参考图 3.6.2-2。

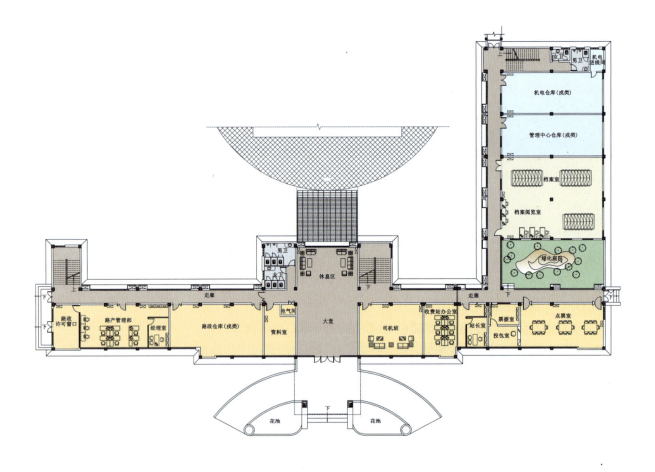

a) 首层

图 3.6.2-2

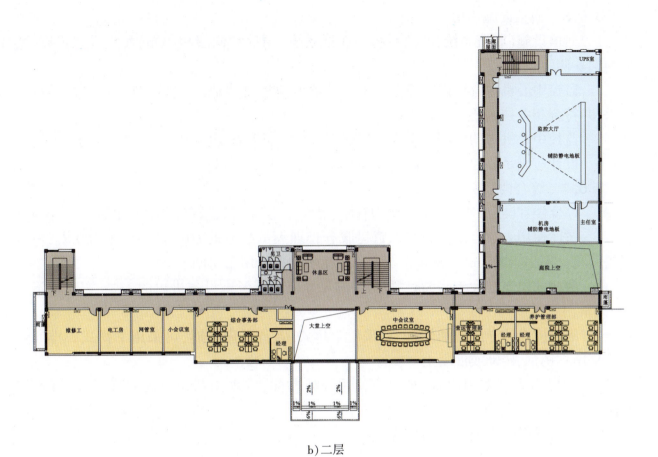

b) 二层

c) 三层

图 3.6.2-2 办公楼平面布置参考图

3.6.3 通信设施用房

1 通信设施(收费系统、监控系统和通信系统)用房宜同层相邻布置,宜设在走廊、楼道的同一侧。

2 监控中心机房宜铺设防静电地板。防静电地板距楼地面应不少于30cm,满足抗震要求,并符合相关技术要求。

3 监控中心机房的空调功率应能保证工作环境温度在10~25℃,湿度不高于70%。

4 设计应满足监控中心机房的温度、湿度、照度技术要求。

3.6.4 综合楼

1 综合楼宜设为2层,一层主要为餐厅、厨房,二层布置娱乐室、多功能厅等(图3.6.4)。

2 餐厅使用人数宜不少于在编营运服务管理人员数量的80%且不少于100人,每人用餐面积宜不小于2.2m²。餐厅宜设置一定比例的独立用餐房间。

3 厨房的层高宜大于3.5m。厨房门洞尺寸应充分考虑设备进出的需要,宽度宜不小于1.5m。

4 厨房应设计专用排油烟道,宜采用上排式;条件受限制时,可采用下排式。排油烟道可采用不锈钢、砖砌或混凝土。

5 厨房排水宜采用明沟,沟内应使用瓷砖贴面,排水沟断面宜为阶梯式,应设置隔滤网。

6 厨房的操作台上方应预留给水龙头。

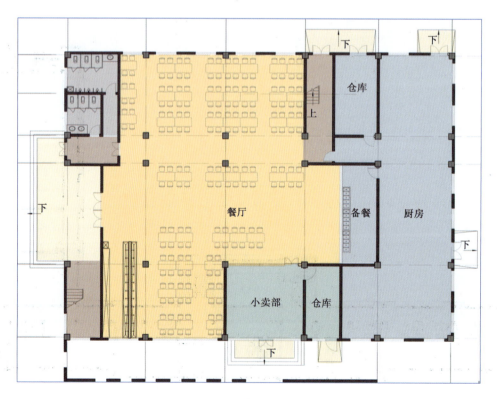

a)

图 3.6-4

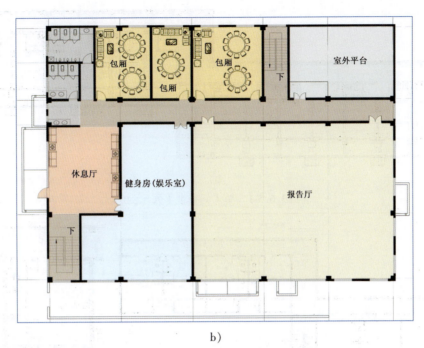

b)

图 3.6-4 综合楼平面布置参考图

3.6.5 宿舍

1 宿舍宜采用标准间设计,标准间宜设置独立卫生间。

2 宿舍宜设置生活阳台、平台或其他晾晒设施。

3 宿舍楼宜采用外廊式布置。50%以上的宿舍居室应朝向良好,应具有与住宅居室相同的日照标准;朝西的居室应有遮阳设施。

4 宿舍楼宜设置接待用房。

5 宿舍楼的居室应满足休息、学习、储存等功能。居室内应设衣物存放柜、书桌、书籍存放柜、杂物储存设施或空间。

6 经营班子的宿舍宜为一室一厅。

7 中层管理人员的宿舍宜为单人间。

8 一般工作人员的宿舍宜为单人间,也可为双人间。

9 单人间平面可参考图 3.6.5-1。双人间平面可参考图 3.6.5-2。

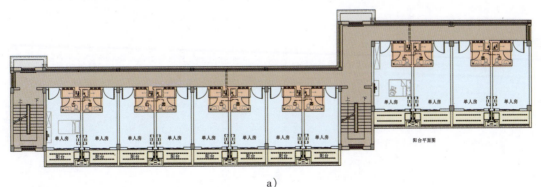

a)

图 3.6.5-1

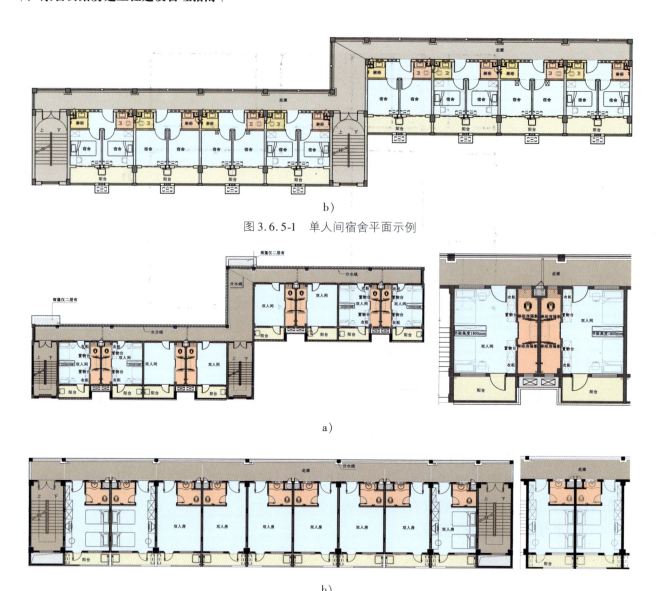

b)

图 3.6.5-1 单人间宿舍平面示例

a)

b)

图 3.6.5-2 双人间宿舍平面图示例

4 养护设施

4.1 一般规定

4.1.1 养护设施应满足项目的养护生产、养护管理和养护管理人员办公、住宿、餐饮和活动的需要。

4.2 分类和功能配置

4.2.1 养护设施分为养护分中心、综合养护基地和日常养护工区。

4.2.2 养护分中心是公路养护工作的区域性管理中心。

4.2.3 综合养护基地是能满足公路大、中修养护生产作业,养护设施齐全、养护功能全面的生产基地。

4.2.4 日常养护工区是能满足公路日常保洁、小修保养、工程抢修、突发事件应急处理等养护生产作业、应急物资存储和设备停放的管养基地。

4.2.5 养护设施主要包括办公管理、住宿、生产养护、活动和附属等设施。

4.2.6 养护设施功能配置标准可参考表4.2.6。

养护设施功能配置参考标准　　　　　　　　　　　表4.2.6

功能配置类型		建设标准
办公管理功能	办公室	★
	会议室、档案室、党建室	★
	交通运输救援驻勤工作室	●
住宿功能	宿舍	★
	盥洗室	●
	洗衣区、晾衣区	★
	辅助设施	★

续上表

功能配置类型		建 设 标 准
餐饮功能	餐厅	★
	厨房	★
	杂物间	★
活动功能	娱乐、康体设施	●
生产养护功能	拌和楼/站	★
	堆料场	★
	仓库	★
	机电专项养护设施	●
附属功能	发电机房	★
	配电房	★
	水泵房	★
	停车场	★
	污水处理设施	★
	垃圾处理设施	★

注：★为必建功能，●为选建功能。

4.3 建设规模

4.3.1 应综合考虑公路里程、养护模式、管理模式、管理人员数量、工作人员数量等因素，合理确定养护设施的使用面积、建筑面积和用地面积。

4.3.2 养护设施用地面积可参考表4.3.2。

养护设施用地面积参考标准　　　　表4.3.2

类　型	用地面积(亩)	类　型	用地面积(亩)
养护分中心	40～60	日常养护工区	5～15
综合养护基地	20～40		

注：表中用地面积为不包含填(挖)方边坡、边沟等的场地用地面积。

4.3.3 养护设施使用面积可参考表4.3.3。

养护设施使用面积参考标准　　　　表4.3.3

类　型	使用面积(m²)		
	养护分中心	综合养护基地	日常养护工区
办公用房	300～500/处	300～400/处	200～300/处
生活用房	700～800/处	600～700/处	500～600/处
生产用房	600～700/处	500～600/处	400～500/处

续上表

类 型	使用面积(m²)		
	养护分中心	综合养护基地	日常养护工区
变电所	100~150/处	80~100/处	60~80/处
水泵房	泵房100+水池100	泵房100+水池100	泵房100+水池100
门卫	30-40/处	25-30/处	10-25/处
污水处理	30/处	30/处	30/处
硬化场地	15000~20000/处	5000~8000/处	1500~2000/处

注：表中硬化场地面积为用地面积。

4.3.4 养护基地的外访停车泊位数量宜按总停车泊位数的10%设置。

4.4 总体规划设计

4.4.1 养护设施应依据全省路网规划，考虑项目线路、公路功能、技术标准、交通量等因素，结合建设期的搅拌站、堆料场的设置进行规划布设。

4.4.2 养护分中心的辐射半径宜为120~150km，综合养护基地的辐射半径宜为100~120km，日常养护工区的辐射半径宜为20~30km。

4.5 总平面布局设计

4.5.1 养护设施布局应有明确的功能分区，办公区、生活区、活动区及生产作业区应分区管理，避免生产作业区与办公、生活、活动区的流线交叉。

4.5.2 办公区、生活区、活动区与生产作业区宜相隔一定距离，减少区域间的相互干扰和影响。办公区、生活区、活动区宜设置在生产作业区的上风位。给排水、供电等设备宜与生产作业区相邻。

4.5.3 应合理利用地形，布局紧凑，节约用地，留有发展用地。

4.5.4 应保护自然植被、自然水域、水系、自然景观，保护生态环境。

4.5.5 应合理设置排水设施，场地排水、生活污水和生产污水应独立处理且达到排放标准。

4.6 建筑设计

4.6.1 办公用房、生活用房、活动用房宜合并设计，减少建筑单体数量（图4.6.1）。

4.6.2 应综合考虑降尘、隔音、清洁等设施。宜在生产作业区与办公和生活区之间通过种植高大阔叶乔木达到降尘和隔音效果。

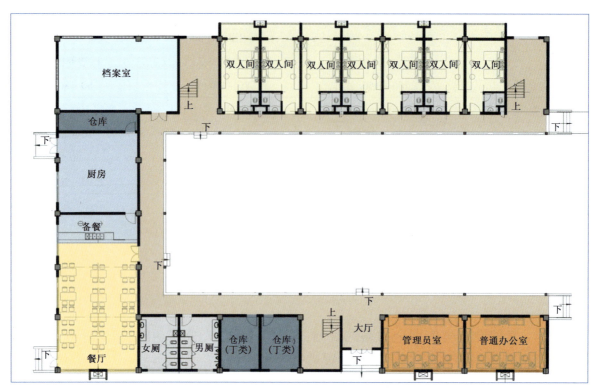

a）首层平面图

b）二层平面图

图 4.6.1 养护综合楼平面图参考示例

4.6.3 生产作业区宜采用地表自然排水方式,宜在生产作业区最低位置设置排水沟。

4.6.4 生产作业区应设置安全宣传标牌。所有危险源点必须张贴安全警示标牌。

4.6.5 宜分别配置生产用与非生产用变压器,降低用电成本。

4.6.6 拌和站应设置避雷装置,接地装置宜独立设置。

5 收费设施

5.1 一般规定

5.1.1 收费设施应满足收费站供水、供电、通信服务和收费人员休息的需要。

5.2 分类和功能配置

5.2.1 收费设施包括收费站房和收费天棚。
5.2.2 收费设施功能配置标准可参考表5.2.2。

收费设施功能配置参考标准　　　　　表5.2.2

功能类型	建设标准	功能类型	建设标准
休息室	★	配电房	★
储物间	★	停车场	★
卫生间	★	污水处理设施	●（视市政排污要求而定）
通信机房	★	供水设施	★
发电机房	★		

注：★为必建功能，●为选建功能。

5.3 建设规模

5.3.1 收费设施的使用面积和建筑面积应根据公路项目第20年的预测交通量确定。
5.3.2 收费站用房的用地面积和建筑面积可参考表5.3.2。

收费站用房的用地和建筑面积参考标准　　　　　　　表 5.3.2

类　型	用地面积(亩/座)	建筑面积(m²/座)
收费站	3～5	240～280

注：1. 收费站的车道数≤6 时，宜采用下限值；6 < 收费站的车道数≤8 时，宜采用中间值；收费站的车道数 > 8 时，宜采用上限值。
2. 收费站与居住区合建时，规模套用居住区指标。
3. 表中用地面积为不包含填(挖)方边坡、边沟等的场区用地面积。
4. 八车道或以上的公路主线收费站的用地面积和建筑面积可根据交通量等因素确定，应开展用地面积论证。

5.3.3　收费设施使用面积可参考表 5.3.3。

收费设施使用面积参考标准　　　　　　　表 5.3.3

类　型	使用面积(m²)	类　型	使用面积(m²)
休息室	20～25	低压配电室	25～30
储物间	10～15	高压配电室	20～25
变压器室	25～30	其他(厕所等)	40～60
发电机室	35～40		

5.4　总平面布局设计

5.4.1　应合理利用地形，布局紧凑，节约用地，并留有发展余地。

5.4.2　收费设施布局应有明确的功能分区，收费站房与收费广场应布局合理。

5.4.3　收费天棚与收费站采用一体化合并设置时，在收费站应设置供超重货车掉头的劝返车道，劝返车道宜设置 1 条车道 + 1 条应急车道，设计速度及转弯半径等应符合收费广场匝道的相关规定。

5.5　建筑设计

5.5.1　对邻近车站、机场或重要风景名胜区的主线收费站以及进入主城区的收费站，应结合地域文化特色进行建筑设计(图 5.5.1)，应适当提高建设标准。

a)

b)

图　5.5.1

图 5.5.1 特色建筑示例

5.5.2 同一公路项目的收费天棚造型宜采用标准化设计。

5.5.3 收费站房宜采用单层建筑。平面布置可参考图 5.5.3。

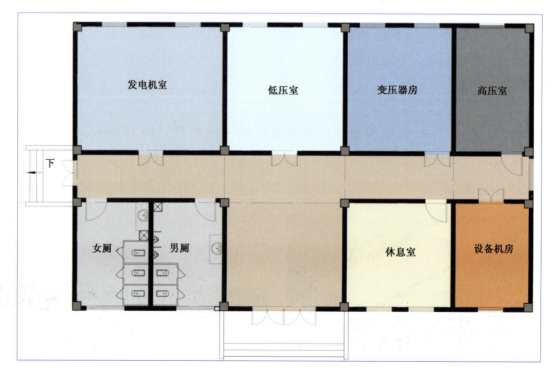

图 5.5.3 收费站房平面布置图示例

5.5.4 收费站房的外墙面不宜采用玻璃幕墙、塑铝板等高档材料及大面积块料等装饰材料。

5.5.5 收费天棚宜采用钢筋混凝土结构,不宜采用钢结构、膜结构。珠江三角洲及沿海等受台风影响较大的地区,不得采用对抗风不利的结构形式。

5.5.6 改扩建公路项目的收费天棚可采用钢筋桁架楼承板或装配式建筑等技术,有效缩短建设周期。

5.5.7 收费天棚的净高应不低于5.5m,主线收费天棚的净高宜不低于6m。

5.5.8 收费天棚宽度应不小于16m(考虑风向影响,可适当加宽,但不宜过宽);收费天棚覆盖收费岛的面积比应不小于60%。

5.5.9 收费天棚的结构支撑柱应不影响收费员视线,横向柱距应不少于7m,柱的直径应不大于70cm,柱脚宜设置在岛内。

5.5.10 收费天棚前、后檐应设置信号灯及收费站名牌的安装位置。

5.5.11 收费天棚设计应避免声波反射形成共振腔。

6 其他设施

6.1 一般规定

6.1.1 公路房建工程其他设施包括交警营房、救援设施等。

6.2 交警营房

6.2.1 交警营房应在公路项目的用地范围内与公路项目的安全管理服务设施同时设计、同时施工、同时交付使用。

6.2.2 交警营房建设应遵循保障功能、方便安全、经济适用、因地制宜的原则,符合广东省交通运输厅、广东省公安厅和相关部门关于公路交警营房建设管理的相关规定。

6.2.3 交警营房建设不包括场地建设、交警营房内部精装修、生活设施和交警营房管理相关设备的采购与安装。

6.2.4 交警营房功能配置标准可参考表6.2.4,平面图可参考图6.2.4。

交警营房功能配置参考标准　　　　　　　　　　　　　表6.2.4

功能类型	建设标准	功能类型	建设标准
办公室	★	餐厅、厨房及库房等	●
事故处理室	★	宿舍	●
调解室	★	其他	●

注:★为必建功能,●为选建功能。

a) 首层

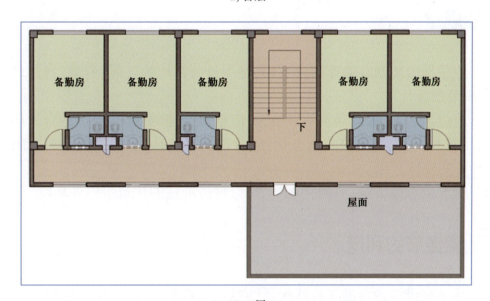

b) 二层

图 6.2.4 交警营房平面图示例

6.3 隧道变电所

6.3.1 隧道长度不大于6km时,应设置无人值守隧道变电所;隧道长度大于6km时,应设置有人值守隧道管理所。

6.3.2 隧道变电所的使用面积和建筑面积应满足公路项目的机电专业要求。

7 低碳节能设计

7.1 一般规定

7.1.1 应根据因地制宜的原则,结合公路项目所在地的气候、资源、自然环境、经济等条件开展低碳节能设计。

7.1.2 应以人为本,提高建筑的舒适性;应创造合理的空间,提供适合人居的场所;应借助适应性建筑技术,提高建筑的生态性;应营造良好的环境,提供健康的空间;应考虑建成效益,具有可实施性。

7.1.3 应充分考虑节地、节能、节水、节材,打造舒适的建筑室内外环境。

7.2 土地资源节约利用

7.2.1 场地建设应避免破坏自然水系、湿地、基本农田、森林和其他保护区。

7.2.2 场地布局应考虑周围热环境、光环境、水、视线、风向、阴影等因素,建筑布局应与当地的景观模式和生态因素融为一体。

7.2.3 应充分利用地形,拟订合适的场地设计高程,控制场地挖方数量和填方数量。

7.3 节能与能源利用

7.3.1 应利用场地的自然环境条件,合理设计建筑的平面形式、朝向、间距,建筑应有良好的日照、通风、采光。应根据需要设置遮阳设施。

7.3.2 建筑群的总体布置、单体建筑的平面、立面设计和门窗设置应有利于自然通风,应避开冬季的主导风向,在夏季应有利于场地自然通风、减少夏季制冷耗能。

7.3.3 建筑物宜朝南或接近朝南。

7.3.4 宜采用节能型围护结构,提高建筑隔热性能。

7.3.5 应采用合理的遮阳形式,防止过热和眩光。

7.3.6 建筑照明系统宜采取分区、感应等节能控制措施。

7.3.7 日照条件优越的地区,宜利用太阳能资源(如利用建筑屋顶、停车棚等空间设置分布式光伏发电设施)。

7.3.8 沿海地区宜利用风能(如风光互补路灯等)。

7.4 节水与水资源利用

7.4.1 在公路建设项目可行性研究和初步设计阶段,应根据项目所在地的水资源情况设置合理、完善的供水、排水系统。

7.4.2 应选用节水型卫生器具。

7.4.3 空调系统应采用节水冷却型设备或节能型设备。

7.4.4 应通过技术经济比较,合理确定雨水收集、积蓄、处理及利用方案。

7.4.5 宜回收中水并有效利用。

7.4.6 绿化灌溉宜采用喷灌、微灌等高效节水灌溉方式。

7.5 节省材料与材料利用

7.5.1 建筑造型宜简约美观、无大量装饰性构件,宜采用具备遮阳、导光、导风、载物、辅助绿化等功能的构件。

7.5.2 应优化设计地基基础、结构体系、结构构件,达到节材效果。

7.5.3 宜就近选用材料,选用当地生产或公路项目周边地区生产的建筑材料。

7.5.4 应分类处理建筑固体废弃物,区分可再利用材料、可回收处理后循环使用材料。

7.6 室内外环境

7.6.1 室内噪声等级应满足国家和行业现行有关标准的低限要求。

7.6.2 建筑照明数量、质量、采光系数应符合国家和行业现行有关标准的规定。

7.6.3 建筑平面布局应减少相邻空间的噪声干扰以及外界噪声对室内的影响。

7.6.4 车行路线和人行路线应清晰明确,车辆行驶线路应畅通,场地内的交通与环境应协调。

7.6.5 宜根据地形、地貌等因素,在场地周围设计带状的绿地、种植高大乔木,与周边环境隔离。

7.6.6 建筑主立面宜朝向夏季主导风向,建筑山墙面宜朝向冬季主导风向。可利用绿化、小品或其他设计方式减小风速。

7.6.7 垃圾分类收集房宜布设在夏季主导风向的下风向,避免不良气味的影响。

7.6.8 厨房的通风换气口应避免与主导风向直接对冲,应避免烹饪散发气味干扰其他功能空间。

7.6.9 应充分考虑生活污水的处治及排放,避免环境污染。

8 设计审查要点

8.1 一般审查要点

8.1.1 公路房建工程设计应满足现行与公路房建工程有关的设计文件编制深度的规定。

8.1.2 设计文件应完整。

8.1.3 设计文件编排顺序应正确。

8.1.4 设计文件名称、设计单位、设计日期应正确。

8.1.5 设计引用依据与文件应完整。

8.1.6 设计引用的安全标准应符合相关规定。

8.1.7 场地基本情况简述应与工程地质勘察报告一致,工程地质概况和水文地质概况描述内容应满足设计文件编制深度的要求。

8.1.8 主要荷载取值应合理,计算应准确。

8.1.9 地基基础及环境设计应合理。

8.1.10 结构计算与分析引用的标准应合理,计算结果应准确。

8.1.11 主要建筑材料、设备、构件的选用应合理、经济。

8.1.12 采用的新技术、新结构、新材料应经过论证,且应恰当。

8.1.13 服务区、管理中心以及入城区、旅游景点等的收费站的建筑景观美学应与地域特点结合,应贯彻和落实绿色公路、低碳公路、低碳服务区、特色服务区等先进理念、现代化工程管理理念。

8.2 可行性研究报告审查要点

8.2.1 公路建设项目的可行性研究报告应包括公路项目营运模式、营运管理机构设置、营运人员编制、服务设施建设与管理模式、公路房建工程建设标准等。

8.2.2 公路房建工程的停车泊位数量、使用面积、建筑面积、用地面积引用标准应正确,计算应准确。

8.2.3 可行性研究报告应包含公路房建工程功能区名称和用地指标。

8.2.4 投资估算编制依据、费用计算标准应合理,计算应准确。

8.3 初步设计审查要点

8.3.1 总体审查要点

1 设计文件应完整、专业齐全,设计内容和建设标准应满足本指南第1篇第6.3节的要求。

2 设计资料和依据[包括设计基础资料(如气象、地形地貌、水文地质、抗震设防烈度、位置等)、线路经过地的地级市政府有关主管部门对公路房建工程设计的要求(如环境协调、建筑高度的限制)、选址及环境评价报告、用地线图、可行性研究报告、政府有关主管部门对立项报告的批文、设计任务书或协议书、设计所执行的主要法规和所采用的主要标准(包括标准的名称、编号和版本)等]应完整、正确。

3 依据经批准(或备案)的可行性研究报告,设计内容应包括公路项目的营运模式、营运管理机构设置、营运人员编制、服务设施的建设与管理模式、公路房建工程的建筑规模(如使用人数、停车泊位数量、使用面积、建筑面积、用地面积、工程造价等)。

4 应对比经批准(或备案)的可行性研究报告,核查第8.3.1条第3款所述营运人员编制和建筑规模(如使用人数、停车泊位数量、使用面积、建筑面积、用地面积、工程造价等)的数据偏差,偏差超过10%的指标应有详细的对比说明。

5 设计规模等级和设计标准(如结构的设计使用年限、建筑防火类别、耐火等级、装修标准等)应准确、合理。

6 主要技术经济指标[如总用地面积,总建筑面积及各分项建筑面积,建筑基底总面积,绿地总面积,容积率,建筑密度,绿地率,使用人数,停车泊位数量(分室内、室外和地上、地下),建筑的层数、层高和总高度,建筑功能指标(居住人数、办公人数、用餐人数)]等应完整、准确。

7 应合理利用地形,布局紧凑,节约用地,留有发展用地。

8.3.2 总平面设计审查要点

1 设计文件应包括设计总说明书、各专业设计说明、总平面图、竖向设计图、土方平衡图、硬质景观平面定位图、道路结构图、围护设施图、场内外供排水连接及电气进出场的连接设施大样、主要建筑单体平面设计图、合同约定提供的透视图、鸟瞰图、模型以及节能、环保、绿色建筑等专项设计内容。

2 场地地形地貌(如山丘范围、高度,水域的位置、流向、水深,最高与最低高程、总坡向、最大坡度和一般坡度等地貌特征)、场地区位、现状特点、周边环境情况等的概述应完整、正确。

3 与总平面设计有关的不利自然因素(如地震、湿陷性或膨胀性土、地裂缝、岩溶、滑坡与其他地质灾害)的概述应完整、分析正确。

4 总体构思意图和布局特点的概述应清晰、合理,与匝道道路或入口道路的关系、建筑空间组织及其与四周环境的关系等的分析应完整、合理。

5 整体布局应合理。应合理区分服务功能、管理功能、生活住宿功能和配套设施功能,各功能区应相对独立、布局紧凑、留有发展用地。

6 交通分析应完整,交通流线及交通组织应合理,人车应分流,应区分客车区、货车区、轿车区、危险品运输车辆区。

7 人流和车流的组织、路网结构、出入口、停车场(库)的布置及停车泊位数量应合理、满足相关要求。

8 环境景观、绿地布置的功能性和观赏性应符合要求。

9 配套设施(大门、垃圾房、污水处理、机修间、围护设施等)应完整。

10 消防车道及消防扑救场地的布置应合规、合理。

11 无障碍设施的布置应合规、合理。

12 停车泊位数量应满足要求,宜设置非机动车停车泊位。

13 竖向设计(如主线道路、匝道和管道的高程、地形、排水、最高洪水位、最高潮水位、土方平衡等情况)的依据应正确、合理,控制高程的确定依据应充分,应合理计算并分析土方挖填平衡。与主线道路衔接应顺畅,道路坡度应满足场地排水坡度和防洪要求。竖向设计内容应包括建筑功能、安全、景观、排水等的竖向布置。竖向布置方式(平坡式、台阶式等)、地表雨水的收集利用及排出方式(明沟、暗管等)等应合理。

14 垃圾收集设施宜设置在远离人群的下风向区域。

15 应概述防火设计、景观绿化、环境保护等方面的具体措施。

16 防灾措施[如针对洪水、内涝、滑坡、潮汐及特殊工程地质(湿陷性或膨胀性土)等的技术措施]应经济、合理、可行。

17 道路的主要设计技术条件(如路面宽度、路面类型、最大及最小纵坡等)应满足国家和行业现行有关标准的规定及使用要求且经济合理。

18 设计图纸的审查要点应包括:

1)指北针(风玫瑰图)和图纸显示的设计尺寸比例正确。

2)测量坐标网、坐标值,场地范围的测量坐标(或定位尺寸),尺寸单位,比例,地形图的测绘单位、日期,坐标及高程系统名称(如为场地建筑坐标网时,应说明其与测量坐标网的换算关系),补充图例及其他必要的说明等。

3)场地的区域位置,场地的范围(用地和建筑物各角点的坐标或定位尺寸),场地四邻原有及主线道路的位置(主要坐标或定位尺寸),用地线、道路线、建筑控制线,拟建建筑物、构筑物、道路、停车场、广场、绿地的布置和位置,反映主要建筑物、构筑物与各类控制线(用地线、道路线、建筑控制线等)、相邻建筑物之间的距离,反映建筑物总尺寸、各站点出入口与主线道路(或匝道、互通)交叉口之间的距离。

4)用地范围的竖向测量坐标值(或尺寸),场地的控制性高程,场地四邻的道路、地面、水面及其关键性高程(如道路出入口),保留的地形、地物的高程,主要道路、广场的起点、变坡点、转折点和终点的设计高程。

5)交通流线示意,含道路、广场、停车场及停车位、消防车道及消防扑救场地的布置。

6)绿化、景观及休闲设施的布置示意,并表示出护坡、挡土墙、排水沟、围护设施等。

7)主要建筑物和构筑物的名称、出入口位置、层数、建筑高度、设计高程、室内外设计高程,规划有严格限制的建筑物、构筑物高度。

8)根据需要绘制反映方案特性的分析图,如功能分区、空间组合及景观分析、交通分析(人流及车流的组织、停车场的布置及停车泊位数量等)、消防分析、地形分析、竖向设计分析、绿地布置、日照分析、分期建设等。

9)用箭头或等高线表示地面坡向,并表示出护坡、挡土墙、排水沟等。

8.3.3 服务区布局审查要点

1 停车场应集中设置,停车区域应区分大型车、小型车、客货车等类型。

2 停车场应与其他建筑物、构筑物保持足够的安全距离。应设置车辆冲洗设施及场地。

3 应单独设置特种车辆、危险化学品运输车辆的停车场,应考虑隔离设施。

4 各种车型的停车位尺寸应合理。

5 场内行车路线应区分主、次车道,道路宽度和转弯半径应满足要求。

6 主要建筑物间应考虑风雨连廊。

7 办公、生活区应相对独立并采取有效分隔。

8 场内人流和车流不应存在交叉或混合。

9 公共厕所位置应醒目、靠近停车场、疏散便利、方便使用。

10 公共厕所包括管理用房、清洁用房、母婴厕所(母婴室)、残疾人公共厕所,厕位数量应合理,应考虑人流疏散,男女厕位应可灵活转换。

11 应考虑服务区节假日超负荷用水的解决措施。

8.3.4 建筑设计审查要点

1 建筑的功能设施应完整,应满足营运人员编制要求。使用面积应合理、不超出标准。

2 宿舍楼应预留接待用房,接待用房数量应合理。

3 建筑朝向应合理。

4 建筑的功能布局和内部交通组织(包括各种出入口、楼梯、电梯的布置)应合理,符合国家和行业现行有关标准的规定。

5 建筑防火设计(包括总体消防、防火分区、安全疏散、防火构造设置等)应符合国家和行业现行有关标准的规定。

6 应概述建筑安全防护与维护、无障碍设计、低碳节能设计、绿色建筑设计(如有)。

7 收费天棚的柱脚位置和间距应合理,不应干扰行车视线和收费人员视线。

8 机房和会议室的空间布局应通畅没有干扰柱。

9 建筑层高应合理,应考虑结构尺寸、机电设施高度和吊顶高度。收费天棚的净高应满足要求。

10 污水处理布置应考虑工艺要求。

11 运动设施选用标准应合理。

12 服务设施、管理设施、生活设施、住宿设施之间的风雨连廊设置应合理。

13 室外停车泊位的遮阳设施应合理、经济。

14 电梯的功能、数量、吨位、速度等参数应合理。

15 建筑单体内的各种无障碍设施应满足国家和行业现行有关标准的规定且合理,应符合以人为本原则。

16 应有幕墙工程以及金属、玻璃和膜结构等特殊屋面工程(如有)的说明(节能、抗风压、气密性、水密性、防水、防火、防护、隔声的设计要求,饰面材质色彩、涂层等主要的技术要求)及其他需要专项设计、制作的工程内容的必要说明。

17 不应遗漏需提请审批解决的问题或确定的事项以及其他需要说明的问题。

18 项目所在地的气候分区、建筑分类及围护结构的热工性能限值应满足国家和行业现行有关标准的规定且合理。

19 应包括建筑节能设计。体型系数(按不同气候区要求)、窗墙比、屋顶透光部分比等主要参数,屋面、外墙(非透光幕墙)、外窗(透光幕墙)等围护结构的热工性能及节能构造措施,应符合国家和行业现行有关标准的规定且合理。

20 设计图纸的审查要点应包括:

1)平面图

(1)承重结构的轴线、轴线编号、定位尺寸和总尺寸,注明各空间的名称和门窗编号。标注住宅套型内卧室、起居室(厅)、厨房、厕所等空间的使用面积。

(2)主要结构和建筑构配件[如非承重墙、壁柱、门窗(幕墙)、天窗、楼梯、电梯、自动扶梯、中庭(及其上空)、夹层、平台、阳台、雨棚、台阶、坡道、散水明沟等]的位置;幕墙与主体结构的定位关系。

(3)主要建筑设备(如水池、卫生器具等)的位置。

(4)建筑平面或空间的防火分区、面积符合国家和行业现行有关标准的规定,应有关于安全疏散的内容。

(5)室内、外地面设计高程,地上、地下各楼层地面高程。

(6)首层平面标注剖切线位置、编号及指北针。

(7)有特殊要求或标准的厅、室的室内布置;标准层、标准单元或标准间的放大平面图及室内布置图。

2)立面图

(1)两端的轴线和编号。

(2)立面外轮廓、主要结构和建筑部件的可见部分[如门窗(消防救援窗)、幕墙、雨棚、檐口(女儿墙)、屋顶、平台、栏杆、坡道、台阶和主要装饰线脚等]。

(3)平、剖面未能表示的屋顶、屋顶高耸物、檐口(女儿墙)、室外地面等处的主要高程。

(4)主要可见部位的饰面用料。

3)剖面图

(1)层高、层数不同、内外空间比较复杂的部位(如中庭与邻近的楼层或错层部位)的剖面图应准确、清楚地绘示出剖到或看到的各相关部分内容。

(2)主要内、外承重墙、柱的轴线,轴线编号。

(3)主要结构和建筑构造部件(如地面、楼板、屋顶、檐口、女儿墙、吊顶、梁、柱、内外门窗、天窗、楼梯、电梯、平台、雨棚、阳台、地沟、地坑、台阶、坡道等)。

(4)各层楼地面高程、室外高程、建筑的总高度、各楼层之间尺寸及其他必需的尺寸等标注完整、准确、清晰。

4)设备工艺设计图纸

(1)主要设备平面布置图,主要设备表。

(2)工艺系统流程图。

(3)工艺管网平面布置图。

8.3.5 结构设计审查要点

1 主体结构设计使用年限应正确、合理。

2 基本风压、风荷载、抗震设防烈度、结构安全等级、防水等级、冻土深度、气温等应正确。

3 拟采用的新结构、新材料及新工艺等应有关键技术问题的解决方法、分析方法、构造措施和试验方法的简要说明。

4 对于特殊结构,应提供比选方案。

5 基础方案的依据应充分,选型应合理、经济。

6 工程地质勘察报告或可靠的地质参考资料应完整、准确。

7 场地地震安全性评价报告应完整、准确。

8 应审查建筑分类等级的合规性、合理性,包括:建筑结构安全等级,地基基础设计等级,建筑桩基设计等级,建筑抗震设防类别,主体结构类型及抗震等级,防水等级,建筑防火分类等级和耐火等级,软弱地基、混凝土构件的环境类别。

9 应审查主要荷载(作用)取值的合规性、合理性,包括:楼(屋)面活荷载,特殊设备荷载,风荷载(包括地面粗糙度,有条件时说明体型系数、风振系数等),地震作用(包括设计基本地震加速度、设计地震分组、场地类别、场地特征周期、结构阻尼比、水平地震影响系数最大值等),温度作用及地下室水浮力的有关设计参数,特殊的荷载(作用)工况组合(包括分项系数及组合系数)。

10 应审查上部结构设计的合规性、合理性、经济性,包括:结构缝(伸缩缝、沉降缝和防震缝)的设置,结构选型及结构布置说明,复杂结构是否为超限工程,关键技术问题的解决方法,特殊技术的说明,结构重要节点、支座的说明或简图。

11 应审查地基基础设计,包括:工程地质和水文地质概况(应包括各主要土层的压缩模量和承载力特征值或桩基设计参数),地基液化判别,地基土冻胀性和融陷情况,膨胀土地基的膨缩等级,抗浮设防水位,特殊地质条件(如溶洞)等的说明,土及地下水对钢筋、钢材和混凝土的腐蚀性,基础选型说明,基础埋置深度和持力层情况,地基处理要求及说明,关键技术问题的解决方法,施工特殊要求,其他需要说明的内容。

12 应审查结构分析,包括:采用的结构分析程序名称、版本号、编制单位,复杂结构或重要建筑是否有两种不同的计算程序,结构分析所采用的计算模型、整体计算嵌固部位,结构分析输入的主要参数,主要控制性计算结果。

13 应审查主要结构材料,包括:混凝土强度等级,钢筋种类,砌体强度等级,砂浆强度等级,钢绞线或高强钢丝种类,钢材牌号,预制构件连接材料,密封材料,特殊材料,特殊材料或产品(如成品拉索、锚具、铸钢件、成品支座、消能减震器、高强螺栓等)的说明等。

14 设计图纸的审查要点应包括:

1)基础平面图及主要基础构件的截面尺寸。

2)主要楼层结构平面布置图主要的定位尺寸、主要构件的截面尺寸、结构构件的立面图、剖面图、轴测图等的表示应完整、清晰、准确。

3)结构主要或关键性节点、支座示意图应完整、清晰、准确。

4)伸缩缝、沉降缝、防震缝、施工后浇带的位置和宽度的表示应完整、清晰、准确。

8.3.6 电气设计审查要点

1 负荷级别以及总负荷估算容量的计算依据应正确,计算应准确。

2 需要供电部门提供电源的电压等级、回路数、容量的依据应正确,计算应准确。

3 应确定备用电源和应急电源的形式、电压等级,容量应合理。

4 总用电负荷容量应含充电桩的需求量。

5 应满足相关部门(供电部门、消防部门、通信部门、环保部门、公安部门等)认定的设计要求。

6 配发电系统审查要点应包括:

1)负荷等级和各级别负荷容量。

2)供电电源、电压等级,电源容量、回路数,专用线或非专用线,线路路由及敷设方式,近远期发展情况。

3)备用电源和应急电源容量确定原则及性能要求,发电机启动、停机方式,与城市电网关系。

4)高、低压配电系统接线形式及运行方式,正常工作电源与备用电源之间的关系,母线联络开关运行和切换方式,变压器之间低压侧联络方式,重要负荷的供电方式。

5)供配电线路导体选择及敷设方式,高、低压进出线路的型号及敷设方式,导线、电缆、母干线的材质和类别。

6)变、配、发电站的位置、数量及形式,设备技术条件和选型要求。

7)设备安装容量,有功、无功、视在容量,变压器、发电机的台数、容量、负载率。

8）继电保护装置的设置。

9）高、低压设备的操作电源,运行信号装置配置情况。

10）电能计量装置:高压或低压;专用柜或非专用柜(满足供电部门要求和建设单位内部核算要求);监测仪表的配置情况。

11）功率因数补偿方式:功率因数是否达到供用电的规范要求,应补偿容量,采取的补偿方式,补偿后的结果。

12）谐波状况及治理措施。

13）开关、插座、配电箱、控制箱等配电设备选型及安装方式。

14）电动机启动及控制方式的选择。

7 照明系统审查要点应包括：

1）照明种类,主要场所照度标准、照明功率密度值等指标。

2）光源、灯具及附件的选择,照明灯具的安装及控制方式,应急照明的照度值、电源型式、灯具配置、控制方式、持续时间等。

3）室外照明(如路灯、庭院灯、草坪灯、地灯、泛光照明、水下照明等)的种类、电压等级、光源选择及其控制方法等。

4）二次装修照明和照明专项设计的场所的照明配电箱设计原则、容量及供电要求。

8 电气节能及环保措施审查要点应包括：

1）拟采用的电气节能和环保措施。

2）电气节能、环保产品的选用情况。

9 防雷审查要点应包括：

1）建筑物防雷类别,建筑物电子信息系统雷电防护等级。

2）防直接雷击、防侧击、防雷击电磁脉冲等措施。

3）建筑物、构筑物混凝土内钢筋闪器、引下线、接地装置的措施和要求。防雷引下线的设置方式及接地所采用的措施。

10 接地及安全措施审查要点应包括：

1）各系统接地的种类及接地电阻要求。

2）等电位设置要求。

3）接地装置需特殊处理时采取的措施、方法等。

4）安全接地及特殊接地的措施。

11 电气消防审查要点应包括：

1）火灾监控系统的保护设置的方式、要求和系统组成。

2）监控点设置,设备参数配置要求。

3）传输、控制线缆选择及敷设要求。

4）火灾探测器、报警控制器、手动报警按钮、控制台(柜)等设备的设置原则,火灾报警与消防联动控制逻辑关系及控制显示要求,火灾警报装置及消防通信装置。

5）消防主电源、备用电源供给方式,接地及接地电阻;火灾自动报警系统与其他子系统的接口方式及联动关系。

6）应急照明的联动控制方式。

7）消防应急广播系统声学等级及指标，广播分区原则，扬声器设置原则，系统音源类型、系统结构及传输方式，消防应急广播联动方式，系统主电源、备用电源供给方式。

12　智能化设计审查要点应包括：

1）智能化设计概况应完整。

2）智能化各系统的系统形式及其组成。

3）智能化各系统的布线方案。

4）智能化各系统的点位配置标准。

5）智能化各系统的供电、防雷及接地等要求。

6）智能化各系统与其他专业设计的分工界面、接口条件。

7）智能化机房的给水、排水及消防要求。

8）智能化机房用电容量。

9）智能化机房装修、电磁屏蔽、防雷接地等。

13　设计图纸审查要点应包括：

1）电气总平面图。

（1）标示建筑物、构筑物名称、容量、高低压线路及其他系统线路走向、回路编号、导线及电缆型号的规格与敷设方式，架空线杆位，路灯、庭院灯的杆位（路灯、庭院灯可不绘线路）。

（2）变、配、发电站的位置、编号、容量。

2）变、配电系统。

（1）高、低压配电系统图：开关柜编号、型号及回路编号，一次回路设备型号、设备容量、计算电流、补偿容量、整定值、导体型号规格、用户名称。

（2）平面布置图：高、低压开关柜、变压器、母干线、发电机、控制屏、直流电源及信号屏等设备的平面布置、主要尺寸、图纸比例。

（3）标示房间层高和地沟位置、高程（相对高程）。

3）配电系统。

（1）主要干线平面布置图：主要干线所在楼层的干线路由平面图。

（2）配电干线系统图：变、配电站变压器编号、容量，发电机编号、容量，终端主配电箱编号、容量。

4）电气消防各类系统图应完整。

5）智能化系统的完整性。各系统及其子系统主要干线所在楼层的干线路由平面图。

6）主要电气设备的名称、型号、规格、单位、数量应正确。

7）审查计算书，包括：用电设备负荷计算，变压器、柴油发电机选型计算，典型回路电压损失计算，系统短路电流计算，防雷类别的选取或计算，照度值和照明功率密度值计算，各系统计算结果是否标示在设计说明或相应图纸中，未能计算的内容是否在初步设计中说明。

8.3.7 给水排水设计审查要点

1 取水水源应合理、经济、便捷。

2 系统供水方式应合理,估算总用水量(最高日用水量、最大时用水量)引用依据应正确,计算应准确。

3 热水系统的热源、供应范围、系统供应方式应合理,热水供应估算耗热量(系统及设计小时耗热量和设计小时热水量)引用依据应正确,计算应准确。

4 中水系统设计引用依据应正确,用途应合理。

5 管道直饮水设计引用依据应正确,处理方法应合理,用量计算应准确。

6 排水体制(室内污、废水的排水合流或分流,室外生活排水、雨水的合流或分流)应正确、合理,污、废水及雨水的排放出路应正确,出入用地线范围的接口位置应正确,连接方式应合理。

7 雨水系统重现期、估算污废水排水量、雨水量等主要设计参数引用依据应正确,计算应准确。

8 污、废水的处理方法应合理、经济,管养应便捷。

9 设计内容与需要专项(二次)设计的项目(如二次装修、环保、消防及其他工艺设计)的分工界面和相关联的设计内容的说明应清晰。

10 室外给水系统审查要点应包括:

1)供水干管方位,接管管径、根数,能提供的水压。

2)审查用水量,包括:生活用水标准、用水量,生产用水水量,其他项目用水标准、用水量(含相关的系统补水量、中水系统补水量、特殊用房、水景用水、道路浇洒、汽车库和停车场地面冲洗、绿化浇洒、未预见用水量及管网漏失水量等),消防用水量标准、一次灭火用水量,总用水量(最高日用水量、平均时用水量、最大时用水量)。

3)给水系统的划分及组合情况,分质、分区(分压)供水的情况及设备控制方法,水量调节设施的容量、材质、位置及加压设备选型,复核改建、扩建工程原给水系统的设计与现状、利用原给水系统的合理性。

4)消防系统的设计依据、设置范围、设计参数、供水方式、设备参数及运行要求等。

5)中水系统设计依据,中水用途、水质要求、设计参数。

6)各系统选用的管材、接口及敷设方式。

11 室外排水系统审查要点应包括:

1)说明室外排水的管渠或其他外部明沟横断面尺寸、坡度、排入点的高程、位置和检查井编号。

2)排水制度、排水出路。如有排水提升设计,应审查排水提升位置、规模、提升设备选型及设计数据、构筑物形式、占地面积、发生事故时的排放措施等。

3)生产、生活排水系统的排水量。

4)雨水系统设计采用的暴雨强度公式(或暴雨强度)、重现期、雨水排水量、雨水系统简介、雨水出路等。

5）雨水控制与利用系统的控制指标及规模，雨水用途，水质要求，设计重现期，年降雨量，年可回用雨水量，年用雨水量，系统选型，处理工艺，构筑物概况，加压设备及给水系统等。

6）各系统选用的管材、接口及敷设方式。

12 建筑室内给水设计审查要点应包括：

1）供水干管的方位，引入管（接管）管径、根数，能提供的水压。

2）用水量定额，用水单位数，使用时数，小时变化系数，最高日用水量，平均时用水量，最大时用水量。

3）给水系统的选择和给水方式，分质、分区（分压）供水要求和采取的措施，计量方式，设备控制方法，水箱和水池的容量、设置位置、材质，设备选型，防水质污染、保温、防结露和防腐蚀等措施。

4）消防系统是否符合国家和行业现行有关标准的规定；各类消防系统（如消火栓、自动喷水、水幕、雨淋喷水、水喷雾、细水雾、泡沫、消防炮、气体灭火等）的设计原则和依据、计算标准、设计参数、系统组成、控制方式，消防水池和水箱的容量、设置位置，建筑灭火器的配置，其他灭火系统（如气体灭火系统）的设置范围、灭火剂选择、设计储量以及主要设备选择等。

5）热水系统采用的热源，加热方式，水温，水质，热水供应方式，系统选择，设计耗热量、最大小时热水量、机组供热量等；设备选型，保温、防腐的技术措施等；当利用余热或太阳能时，设计采用的依据、供应能力、系统形式、运行条件及技术措施等。

6）重复用水、饮水供应等系统的设计参数，控制水质、水压、水温等采用的特殊技术措施，设计数据，工艺流程，设备选型等。

7）各系统选用的管材、接口及敷设方式。

13 建筑室内排水设计审查要点应包括：

1）排水系统选择，生活和生产污（废）水排水量，室外排放条件，有毒有害污水的局部处理工艺流程及设计数据。

2）屋面雨水的排水系统选择，室外排放条件，采用的降雨强度、重现期和设计雨水量等。

3）各系统选用的管材、接口及敷设方式。

14 高效节水、节能减排器具和设备，系统设计中采用的技术措施等。

15 给排水设施采用的隔振及防噪声技术措施。

16 施工图设计阶段需要提供的技术资料等。

17 设计图纸（主要建筑）审查要点应包括：

1）总平面图中所有建筑物和构筑物的平面位置、道路等，标出主要定位尺寸或坐标、高程、指北针（或风玫瑰图）、比例等。

2）总平面图中的给水、排水管道平面位置，干管的管径，排水方向；阀门井、消火栓井、水表井、检查井、化粪池和其他给排水构筑物的位置。

3）室外给水、排水管道与主线排水连接点的位置和控制高程。

4）消防系统、中水系统、循环水系统、重复用水系统、雨水控制与利用系统等管道的平面位置，干管的管径。

5）中水系统、雨水控制与利用系统构筑物位置，系统管道与构筑物连接点处的控制高程。

6）建筑物给水排水首层或管道进出户层、地下室、复杂的机房层、主要标准层、管道或设备复杂层的平面布置图。

7）系统原理图应完整，正确标注主干管管径、水池（箱）底高程、建筑楼层编号及层面高程。

8）水处理流程图应完整、正确。

9）审查设备、主要材料及器材的名称、性能参数、计数单位、数量、备注。

10）审核计算书，包括：各类生活、生产、消防等系统用水量，生活、生产排水量，园区、屋面雨水排水量，生活热水的设计小时耗热量等；中水水量平衡计算；有关的水力计算及热力计算；主要设备选型；构筑物尺寸计算。

8.3.8 消防设计审查要点

1 水消防系统供水方式、消防水箱（水池）容积、消防泵房的设置等应符合国家和行业现行有关标准的规定线路经过地的地级市政府消防主管部门的相关规定。

2 消防用水量（设计流量、一次灭火用水量、火灾延续时间）计算引用依据应正确，计算应准确。

3 监控中心、档案室及其他有特殊要求场所的灭火系统选用应合理。

8.3.9 初步设计概算审查要点

1 初步设计概算文件应完整，应满足公路工程造价标准化管理要求，编制深度应满足要求。

2 初步设计概算的编制范围、内容应完整和正确，编制范围、内容应与设计范围、内容一致。

3 初步设计概算的编制依据应正确。

4 初步设计概算的编制方法应合理。

5 初步设计概算应控制在经批复（或备案）的公路房建工程投资估算允许调整范围内，应有估概算对比分析报表和说明，对比分析内容应完整（如使用人数、停车泊位数量、使用面积、建筑面积、用地面积等数量、金额、经济指标的对比分析，使用功能、设计标准等的对比分析）。概算如果超出经批复（或备案）的公路房建工程投资估算，超出投资估算的原因应准确、合理。

6 初步设计概算的计算底稿应完整、计算过程应可追溯、计算数据应准确。

8.4 施工图审查要点

8.4.1 总体审查要点

1 设计合同要求的所有专业的设计文件应完整（图纸目录、设计说明、设计图纸、计算书)、专业齐全(含专项设计),设计内容、设计规模等级、设计标准应满足本指南第1篇第6.4节的要求。

2 设计图纸的封面标识内容应完整,项目名称、设计阶段、设计日期等应准确。

3 图纸目录与设计图纸的页码、页数、图纸名称等应一致。

4 设计选用的标准和规范应齐全、准确,引用的标准图集、标准图纸和标准构件应合规、合理。

5 设计依据及基础资料、计算公式、计算过程、有关满足日照要求的分析资料及成果资料等应完整、准确。

6 设计内容应落实有关主管部门对公路项目的批复和相关单位的要求,如公路房建工程各站点用地界线及周边500~1000m范围内的地质、地震、矿产、文物、电信、军事、军用航空、航道、公路、铁路、石油天然气、林业、风景名胜区、自然保护区、饮用水水源保护区、河道、水利、给水、排水等方面。

7 主要技术经济指标(如总用地面积,总建筑面积及各分项建筑面积,建筑基底总面积,绿地总面积,容积率,建筑密度,绿地率,停车泊位数量,建筑的层数、层高和总高度)应完整、准确。

8 应对比经批复(或备案)的初步设计,核查建筑规模(如停车泊位数量、使用面积、建筑面积、用地面积、工程造价等)的数据偏差。

9 设计规模等级和设计标准(包括结构的设计使用年限、建筑防火类别、耐火等级、装修标准等)应准确、合理。

8.4.2 总平面设计审查要点

1 设计图纸(总平面图、道路图、竖向布置图、土方图、管道综合图、绿化及建筑小品布置图、详图等)应完整。

2 总平面图的设计审查要点应包括:

1)指北针(风玫瑰图)和图纸显示的设计尺寸比例正确。

2)测量坐标网、坐标值。

3)场地的区域位置,场地范围,场地四邻原有及主线道路的位置(主要坐标或定位尺寸),用地线、道路线、建筑控制线,拟建建筑物、构筑物、道路、停车场、广场、绿地的布置和位置,主要建筑物、构筑物与各类控制线(用地线、道路线、建筑控制线等)和相邻建筑物之间的距离,建筑物总尺寸,各站点出入口与主线道路(或匝道、互通)交叉口之间的距离。

4)用地范围的竖向测量坐标值(或尺寸),场地的控制性高程,场地四邻的道路、地面、水面及其关键性高程(如道路出入口),保留的地形、地物的高程,主要道路、广场的起点、变坡点、转折点和终点的设计高程。

5)交通流线示意,含道路、广场、停车场及停车位、消防车道及消防扑救场地的布置。

6)绿化、景观及休闲设施的布置示意,并表示出护坡、挡土墙、排水沟、围护设施等。

7)主要建筑物和构筑物的名称、出入口位置、层数、建筑高度、设计高程、室内外设计高程,规划有严格限制的建筑物、构筑物高度。

3 竖向布置图的设计审查要点应包括：

1）主线道路、出入口匝道（道路）、场地四邻的道路、水面、地面的关键性高程。

2）建筑物、构筑物名称或编号，室内外地面设计高程，地下建筑的顶板面高程及覆土高度限制。

3）广场、停车场、运动场地的设计高程，水景、地形、台地、院落的控制性高程。

4）道路、坡道、排水沟的起点、变坡点、转折点和终点的设计高程（路面中心和排水沟顶及沟底）、纵坡度、纵坡距、关键性坐标，道路表明双面坡或单面坡、立道牙或平道牙。

5）护坡坡度，挡土墙、护坡（土坎）顶部和底部的主要设计高程。

4 土石方图（如有）的设计审查要点应包括：

1）场地范围的坐标或尺寸。

2）建筑物、构筑物、挡墙、台地、下沉广场、水系、土丘等的位置（用细虚线表示）。

3）方格网及其定位（各方格点的原地面高程、设计高程、填挖高度、填区和挖区的分界线）、土石方数量（各方格土石方量、总土石方量）。

4）土石方工程平衡表（如有）。

5 管道综合图（如有）的设计审查要点应包括：

1）管线总平面布置，场外管线接入点的位置。

2）场地范围的坐标（或尺寸），道路红线、建筑控制线、用地红线等的位置。

3）保留、新建的各管线（管沟）、检查井、化粪池、隔油池、污水处理池、储（油、气、水等）罐、水池等的平面位置与建筑物、构筑物的距离。

4）管线断面图，表明管线与建筑物、构筑物、绿化之间及管线之间的距离，主要交叉点上、下管线的高程或间距。

6 绿化及建筑小品布置图的设计审查要点应包括：

1）总平面布置。

2）绿地（含水面）、人行步道及硬质铺地的定位。

3）建筑小品的位置（坐标或定位尺寸）、设计高程、详图索引。

7 详图的设计审查要点应包括：

1）道路横断面、路面结构。

2）挡土墙、护坡、排水沟、池壁、围墙等的详图。

3）广场、运动场地、活动场地、停车场地面等的详图。

8.4.3 建筑设计审查要点

1 改扩建公路房建工程的新旧建筑间和相邻位置的平面、立面、剖面、相关尺寸、重要节点详图。

2 设计说明的审查要点应包括：

1）本专业设计所执行的主要法规和所采用的主要标准。

2）项目概况，包括建筑名称、建设地点、建设单位、建筑面积、建筑基底面积、项目设计规模等级、设计使用年限、建筑层数、建筑高度、建筑防火分类和耐火等级、人防工程类别和防护等级(如有)、人防建筑面积(如有)、屋面防水等级、地下室防水等级、主要结构类型、抗震设防烈度等,以及能反映建筑规模的主要技术经济指标。

3)建筑物相对高程与总图绝对高程的关系。

4)建筑用料说明和室内外装修材料说明(用料说明和材料表不应有漏、错、相互矛盾、说明含糊的情况)。

5)采用新技术、新材料和新工艺的做法说明,对特殊建筑造型的建筑构造的说明。

6)门窗性能(防火、隔声、防护、抗风压、保温、隔热、气密性、水密性等),门窗框材质和颜色,玻璃品种和规格,五金件等。

7)幕墙工程及特殊屋面工程的特点,节能、抗风压、气密性、水密性、防水、防火、防护、隔声的设计要求,饰面材质、涂层等的技术说明。

8)电梯选择及性能说明(功能、额定载重量、额定速度、停站数、提升高度等)。

9)防火设计说明,包括总体消防、建筑单体的防火分区、安全疏散、疏散人数和宽度计算、防火构造、消防救援设施等。

10)无障碍设计说明,包括各种无障碍设施的要求等。

11)建筑节能设计说明,包括设计依据,所在地的气候分区,建筑分类,围护结构的热工性能限值,建筑的节能设计概况,围护结构的屋面(包括天窗)、外墙(非透光幕墙)、外窗(透光幕墙)、架空或外挑楼板、分户墙等的构造和节能技术措施,外门、外窗和建筑幕墙的气密性等级,建筑体形系数计算、窗墙面积比计算和围护结构热工性能计算。

12)安全防范和防盗的要求及具体措施。隔声、减振、减噪、防污染、防射线等的要求和措施。

13)绿色建筑设计说明,包括设计依据、绿色建筑设计的特点与定位、建筑专业相关的绿色建筑技术选项、采用绿色建筑设计选项的技术措施。

14)装配式建筑设计说明,包括装配式建筑设计概况及设计依据、建筑专业相关的装配式建筑技术选项、拟采用的技术措施(标准化设计要点、预制部位、预制率计算等)。

3 建筑平面图的审查要点应包括:

1)首层平面标注剖切线位置、编号及指北针(或风玫瑰图)。

2)每层建筑面积,防火分区面积,防火分区分隔位置,安全出口位置示意,疏散宽度,最远疏散点到达安全出口的距离。

3)室外地面、首层地面、各楼层、地下室各层等的高程。立面图中每层高程、门窗位置与平面图相符。

4)承重墙、柱及其定位轴线和轴线编号,轴线总尺寸(或外包总尺寸)、轴线间尺寸(柱距、跨度)、门窗洞口尺寸、分段尺寸。

5)内外门窗位置、编号,门的开启方向,房间名称或编号,库房(储藏)物品的火灾危险性类别。

6)墙身厚度,柱与壁柱截面尺寸(必要时)及其与轴线关系尺寸,幕墙与主体结构的定位关系及平面凹凸变化的轮廓尺寸,玻璃幕墙立面分格间距的中心尺寸。

7）变形缝、沉降缝、伸缩缝的位置、尺寸、合理性。

8）主要建筑设备和固定家具的位置、合理性，如卫生器具、雨水管、水池、台、橱、柜、隔断等。

9）电梯、楼梯（爬梯）的位置、尺寸、上下方向示意。

10）主要结构和建筑构造部件的位置、尺寸，如中庭、天窗、地沟、地坑、各种平台、夹层、人孔、阳台、雨篷、台阶、坡道、散水、明沟、重要设备或设备基础等。

11）楼地面预留孔洞和通气管道、管线竖井、烟囱、垃圾道等的位置、尺寸，墙体（填充墙、承重砌体墙）预留洞的位置、尺寸与高程或高度等。

12）车库的停车位、无障碍车位和通行路线。

13）用于检修维护的天桥、栅顶、马道等的位置、尺寸、材料。

14）女儿墙、檐口、天沟、坡度、坡向、雨水口、屋脊（分水线）、变形缝、楼梯间、水箱间、机房（电梯、供电等）、天窗及挡风板、屋面上人孔、检修梯、室外消防楼梯、出屋面管道井及其他构筑物等的详图索引号、高程。

15）装配式建筑预制构件（如预制夹心外墙、预制墙体、预制楼梯、叠合阳台等）位置，构件截面尺寸及其与轴线关系尺寸，预制构件大样图，预埋点位。

4　立面图的审查要点应包括：

1）立面外轮廓，主要结构和建筑构造部件（如女儿墙顶、檐口、柱、变形缝、室外楼梯、垂直爬梯、室外空调机搁板、外遮阳构件、阳台、栏杆、台阶、坡道、花台、雨篷、烟囱、勒脚、门窗、幕墙、洞口、门头、雨水管、装饰构件、线脚、装饰分格线等）的位置，装配式建筑预制构件的分块拼缝分布位置及宽度。

2）建筑的总高度，楼层位置辅助线，楼层数，楼层层高、高程，关键控制高程（如女儿墙或檐口高程等），外墙的留洞尺寸、高程或高度尺寸（宽×高×深及定位关系尺寸）。

3）立面装饰用料、色彩的名称或代号。

5　剖面图的审查要点应包括：

1）墙、柱、轴线和轴线编号。

2）高度尺寸，包括门、窗、洞口高度、层间高度、室内外高差、女儿墙高度、阳台栏杆高度、总高度。

3）内部尺寸，包括地坑（沟）深度、隔断、内窗、洞口、平台、吊顶等。

4）高程，包括主要结构和建筑构造部件的高程，如室内地面、楼面（含地下室）、平台、雨棚、吊顶、屋面板、屋面檐口、女儿墙顶、高出屋面的建筑物、构筑物与其他屋面特殊构件等的高程，以及室外地面高程。

5）节点构造详图索引号。

6　详图的审查要点应包括：

1）内外墙、屋面等节点的构造层次、设计内容、各材料名称、具体技术要求、细部和厚度尺寸等。

2）楼梯、电梯、厨房、厕所、阳台、管沟、设备基础等的局部平面放大和构造详图，相关的轴线、轴线编号,细部尺寸,设施的布置和定位,相互的构造关系,具体技术要求等,预制外墙构件之间拼缝防水和保温的构造做法。

3)室内外装饰方面的构造、线脚、图案等,标注材料、细部尺寸、与主体结构的连接等。

4)门、窗、幕墙立面的分格尺寸,开启位置,面积大小和开启方式,用料,颜色。

5)幕墙工程、金属、玻璃、膜结构等特殊工程和特殊门窗的构件定位和建筑控制尺寸。

7 计算书的审查要点应包括:

1)建筑节能计算,包括建筑的体形系数,立面外窗的窗墙面积比、屋顶透光部分面积比,外窗、屋顶透光部分的热工性能限值,屋面、外墙、底面接触室外空气的架空或外挑楼板等围护结构部位热工性能计算。

2)安全疏散、视线(如有)、声学(如有)等的计算依据、技术要求。

8.4.4 结构设计审查要点

1 设计说明的审查要点应包括:

1)工程概况,包括工程地点、工程周边环境、工程分区、主要功能,建筑的长、宽、高,地上与地下层数,各层层高,结构类型、特殊结构及造型等,装配式结构类型及采用的预制构件类型等。

2)设计依据,包括主体结构设计使用年限、自然条件(基本风压、抗震设防烈度等)、工程地质勘察报告、场地地震安全性评价报告(如有)、风洞试验报告(如有)、本专业设计所执行的主要法规和所采用的主要标准。

3)图纸说明,包括图纸中高程、尺寸的单位,设计±0.000m高程所对应的绝对高程值、常用构件代码及构件编号说明。

4)建筑分类等级、主要荷载(作用)取值及设计参数、主要结构材料。

2 基础及地下工程,包括工程地质及水文地质概况、各主要土层的压缩模量及承载力特征值等、对不良地基的处理措施及技术要求、抗液化措施及要求、地基土的冰冻深度、场地土的特殊地质条件、基础形式和基础持力层、桩基(桩型、桩径、桩长、桩端持力层、桩进入持力层的深度要求、设计所采用的单桩承载力特征值,地基承载力的检验要求),基坑和承台坑回填要求、基础大体积混凝土的施工要求、各类地基基础检测要求。

3 钢筋混凝土工程,包括混凝土构件的环境类别及其最外层钢筋的保护层厚度,钢筋锚固长度、搭接长度、连接方式及要求,各类构件的钢筋锚固要求、梁、板的起拱要求及拆模条件,后浇带或后浇块的施工要求,特殊构件施工缝的位置及处理要求,预留孔洞的统一要求,各类预埋件的统一要求,防雷接地要求。

4 钢结构工程,包括采用钢结构的部位及结构形式、钢结构材料、焊接方法及材料、螺栓材料、焊钉种类、钢构件的成形方式、压型钢板的截面形式及产品标准、焊缝质量等级及焊缝质量检查要求、钢构件制作要求、钢结构安装要求、涂装要求、防火要求、钢结构主体与围护结构的连接要求、结构检测要求和特殊节点的试验要求。

5 砌体工程,包括砌体墙的材料种类、厚度、成墙后的墙重限制,砌体填充墙与框架梁、柱、剪力墙的连接要求,砌体墙上门窗洞口过梁要求,构造柱、圈梁(拉梁)设置要求及附图。

6 检测(观测),包括沉降观测要求,大跨结构及特殊结构的检测和监测要求,日照变形观测等特殊变形观测的要求,基桩的检测、施工需特别注意的问题,基坑技术要求。

7 装配式结构的设计,包括预制构件的生产、检验、运输、堆放、现场安装、结构验收等符合国家和行业现行有关标准的规定且合理。

8 基础平面图的审查要点应包括:

1)定位轴线、基础构件(包括承台、基础梁等)的位置、尺寸、底高程、构件编号,施工后浇带的位置及宽度。

2)砌体结构墙与墙垛、柱的位置与尺寸、编号,结构墙(柱)平面定位、截面变化关系尺寸。

3)地沟、地坑和已定设备基础的平面位置、尺寸、高程,预留孔洞与预埋件的位置、尺寸、高程。

4)沉降观测的观测点位置(构造详图)。

5)基础设计说明(包括基础持力层、基础进入持力层的深度、地基的承载力特征值、持力层验槽要求、基底及基槽回填土的处理措施与要求、施工的有关要求等)。

6)桩基的桩位平面布置、定位尺寸及桩编号。复合地基的处理范围和深度,置换桩的平面布置及其材料和性能要求、构造详图,复合地基的承载力特征值及变形控制值等有关参数和检测要求。

9 基础详图的审查要点应包括:

1)砌体结构剖面、基础圈梁、防潮层位置,总尺寸、分尺寸、高程及定位尺寸。

2)扩展基础平、剖面及配筋、基础垫层,总尺寸、分尺寸、高程及定位尺寸等。

3)桩基详图(包括桩顶高程、桩长、桩身截面尺寸、配筋、预制桩的接头)、承台详图(包括平面、剖面、垫层、配筋,标注总尺寸、分尺寸、高程及定位尺寸,桩与承台的连接构造详图)。

4)筏基、箱基的承重墙、柱的位置,后浇带构造详图,预留孔洞、预埋件详图。

10 结构平面图的审查要点应包括:

1)定位轴线及梁、柱、承重墙、抗震构造柱的位置及必要的定位尺寸,楼面结构高程。

2)装配式建筑墙柱结构布置图的预制构件和现浇构件,预制板的跨度方向、板号、数量及板底高程,预留孔洞大小及位置,预制梁、洞口过梁的位置和型号、梁底高程。

3)现浇板的板厚、板面高程、配筋,预留孔洞、预埋件、已定设备基础的规格、位置、洞边加强措施,施工后浇带的位置及宽度,电梯间机房吊钩平面位置与详图。

4)砌体结构的圈梁位置、编号、高程。

5)屋面板结构找坡的坡度、坡向、坡向起终点处的板面高程,屋面留洞的位置、尺寸与详图,女儿墙或女儿墙构造柱的位置、编号及详图。

11 钢筋混凝土构件详图的审查要点应包括:

1)纵剖面、长度、定位尺寸、高程及配筋,梁和板的支座,现浇预应力混凝土构件的预应力筋定位图、锚固及张拉要求。

2）横剖面、定位尺寸、断面尺寸、配筋。

3）墙体立面图。

4）预留孔洞、预埋件的位置、尺寸、高程、洞边配筋及预埋件编号等。

5）建筑非结构构件、建筑附属机电设备与结构主体的连接或锚固详图。

6）预制钢筋混凝土构件的构件模板图、构件配筋图。

12 其他图纸的审查要点应包括：

1）每层楼梯结构平面布置及剖面图，包括尺寸、构件代号、高程、梯梁、梯板详图。

2）预埋件的平面、侧面或剖面图，包括尺寸、钢材和锚筋的规格、型号、性能、焊接要求。

3）特种结构和构筑物（如水池、水箱、烟囱、烟道、管架、地沟、挡土墙、筒仓、大型或有特殊要求的设备基础、工作平台等）的平面、特征部位剖面及配筋图，包括定位关系、尺寸、高程以及材料品种、规格、型号、性能。

13 计算书的审查要点应包括：

1）计算简图、荷载取值的计算或说明，结构计算书内容宜完整、清楚，计算步骤条理分明，引用数据有可靠依据，说明采用的计算程序名称、代号、版本及编制单位。

2）绿色建筑设计采用的高强度材料和高耐久性建筑结构材料的用量、比例。

8.4.5 电气设计审查要点

1 设计说明的审查要点应包括：

1）工程概况，设计依据，设计范围，设计内容（包括电气各系统的主要指标），各系统的施工要求和注意事项（包括线路选型、敷设方式及设备安装等），设备主要技术要求，与相关专业的技术接口要求。

2）防雷和接地的安全措施，电气节能及环保措施。

3）绿色建筑电气设计，包括绿色建筑设计目标、电气设计采用的绿色建筑技术措施、电气设计所达到的绿色建筑技术指标。

4）智能化设计，包括智能化系统设计概况，智能化各系统的供电、防雷及接地等要求，智能化各系统与其他专业设计的分工界面、接口条件。

5）其他专项设计、深化设计，包括设计概况、建筑电气同其他专项和深化设计的分工界面及接口要求。

2 电气总平面图的审查要点应包括：

1）变、配电站位置、编号，变压器台数、容量，发电机台数、容量，室外配电箱的编号、型号，室外照明灯具的规格、型号、容量。

2）线路规格及走向，回路编号，敷设方式，管沟、人（手）孔型号、位置。

3 变、配电站设计图的审查要点应包括：

1）低压配电系统图，包括变压器、发电机的型号、规格，母线的型号、规格，开关、断路器、互感器、继电器、电工仪表（包括计量仪表）等的型号、规格、整定值。

2）平、剖面图，包括变压器、发电机、开关柜、控制柜、直流及信号柜、补偿柜、支架、地沟、接地装置等的平面布置、安装尺寸等,变、配电站的典型剖面,进出线回路编号、敷设安装方法,设备明细表,主要轴线、尺寸、高程、比例。

3) 控制柜、直流电源及信号柜、操作电源的产品型号、规格和要求。

4) 配电干线系统图,包括各处终端配电箱编号、容量,自电源点引出回路编号。

4　配电、照明设计图的审查要点应包括:

1) 配电箱(或控制箱)系统图,包括配电箱编号、型号,进线回路编号,各元器件型号、规格、整定值,配出回路编号,导线型号、规格、负荷名称等。

2) 配电平面图,工艺设备编号及容量,布置配电箱、控制箱,线路始、终位置(包括控制线路),回路编号、敷设方式。

3) 照明平面图,包括配电箱、灯具、开关、插座、线路等的平面布置。

5　防雷、接地设计图的审查要点应包括:

1) 建筑物顶层平面,包括接闪杆、接闪器、引下线的位置。

2) 接地平面图,包括接地线、接地极、测试点、断接卡等的平面位置、材料型号、规格、相对尺寸等。

3) 防雷接闪器、引下线、接地装置的连接方式,接地电阻测试点,预埋件位置及敷设方式。

4) 防雷类别,采取的防雷措施(包括防侧击雷、防雷击电磁脉冲、防高电位引入),接地装置形式、接地极材料要求、敷设要求、接地电阻值要求。

6　电气消防设计的审查要点应包括:

1) 电气火灾和消防设备电源监控系统,包括系统图、各监测点名称、位置等,监控线路型号、规格及敷设要求。

2) 火灾自动报警系统,包括火灾自动报警及消防联动控制系统图、施工说明、报警及联动控制要求,设备及器件布点、连线,线路型号、规格及敷设要求。

3) 消防应急广播,包括消防应急广播系统图、施工说明,各层平面图,设备及器件布点、连线,线路型号、规格及敷设要求。

7　弱电设计审查要点应包括:

1) 电话系统图、安防系统图、有线电视共用天线系统图。

2) 弱电点位数量、位置和便捷性。

3) 主要设备技术参数。

8　装配式建筑电气设计的审查要点应包括:

1) 装配式建筑电气设备的设计原则及依据。

2) 预埋在建筑预制墙及现浇墙内的电气预埋箱、盒、孔洞、沟槽及管线等的做法和定位。

3) 预埋管、线、盒同预留孔洞、沟槽及电气构件的连接做法。

4) 墙内预留电气设备时的隔声及防火措施,设备管线穿过预制构件部位采取的防水、防火、隔声、保温等措施。

5) 采用预制结构柱内钢筋作为防雷引下线时,结构柱内防雷引下线间连接大样,所采用防雷引下线钢筋、连接件规格以及详细做法。

9 计算书的审查要点应包括：

1）用电设备负荷计算。

2）变压器、柴油发电机选型计算。

3）典型回路电压损失计算。

4）系统短路电流计算。

5）防雷的相关计算。

6）典型场所照度值、照明功率密度值计算。

8.4.6 给排水设计审查要点

1 设备、主要材料、器材的名称、性能参数、计数单位、数量、备注等。

2 设计说明的审查要点应包括：

1）设计依据，包括已批准的初步设计，设计任务书，本专业设计所采用的主要标准，接入的给水管（根数、接入位置、管径、压力，或生活、生产、室内外消防给水来源情况），污、废水排放需要达到的水质要求，污、废水预处理措施，需要进行污水处理或中水回用时需要达到的水质标准及采取的技术措施，工程概况，设计范围。

2）给水排水系统简介，包括主要的技术指标（如最高日用水量、平均时用水量、最大时用水量，各给水系统的设计流量、设计压力，最高日生活污水排水量，雨水暴雨强度公式及排水设计重现期、设计雨水流量，设计小时耗热量、热水用水量，循环冷却水量及补水量，各消防系统的设计参数、消防用水量及消防总用水量等），设计采用的系统简介、系统运行控制方法等。

3）主要设备、管材、器材、阀门等的选型。

4）管道敷设，设备，管道基础，管道支吊架及支座，管道、设备防腐蚀、防冻和防结露、保温，管道、设备试压和冲洗等。

5）建筑节能、节水、环保、人防、卫生防疫等给水排水所涉及的内容。

3 室外给水排水总平面图的审查要点应包括：

1）给排水管网及构筑物的位置（坐标或定位尺寸），构筑物的主要尺寸。

2）给水管管径、阀门井、水表井、消火栓（井）、消防水泵接合器（井）等的位置及标注。

3）排水管主要检查井编号、位置、高程、井距，排水管道的水流坡向、坡度、管径，设计地面高程，管内底高程，管道埋深，管材，接口形式，管道基础、管道平面示意，交叉管的管径、位置、高程等。

4 水塔（箱）、水池配管及详图，包括水塔（箱）、水池的形状、工艺尺寸、进水、出水、泄水、溢水、透气、水位计、水位信号传输器等平面图、剖面图或系统轴测图及详图，管径，高程，最高水位、最低水位、消防储备水位等，储水容积。

5 建筑室内给水排水图纸的审查要点应包括：

1）平面图，包括管道平面布置、立管位置，管道穿剪力墙处定位尺寸、高程、预留孔洞尺寸及其他必要的定位尺寸，管道穿越建筑物地下室外墙或有防水要求的构（建）筑物的防水套管形式、套管管径、定位尺寸、高程等,底层(首层)等平面的引入管、排出管、水泵接合器管道等的管径、高程及与建筑物的定位尺寸,引入管的管道设计流量和水压值,建筑灭火器放置地点。

2)系统图,包括立管和横管的管径、立管编号,楼层高程、层数,室内外地面高程,仪表及阀门,各系统进出水管编号,各楼层卫生设备和工艺用水设备的连接,排水立管检查口,通风帽等距地(板)高度,排水横管上的竖向转弯和清扫口,引入管道的设计流量和水压值。

3)自动喷水灭火系统图,包括管道管径、高程、喷头间距和位置。

6 装配式建筑给排水,包括给排水设计的原则及依据,预埋在建筑预制墙及现浇墙内的预留孔洞、沟槽及管线等的做法及详细定位,预埋管、线、孔洞、沟槽间的连接做法,墙内预留给排水设备时的隔声及防水措施,管线穿过预制构件部位采取的防水、防火、隔声、保温等措施,与相关专业的技术接口要求。

7 计算书的审查要点应包括:

1)各类生活、生产、消防等系统用水量,生活、生产排水量,园区、屋面雨水排水量,生活热水的设计小时耗热量等的计算。

2)中水水量平衡计算。

3)有关的水力计算及热力计算。

4)主要设备选型和构筑物尺寸计算。

8.4.7 施工图预算审查要点

1 施工图预算文件完整,满足公路工程造价标准化管理要求,编制深度满足要求。

2 施工图预算的编制范围、内容完整、正确,编制范围、内容同设计范围、内容一致。

3 施工图预算的编制依据正确。

4 施工图预算的编制方法合理。

5 施工图预算控制在批复概算范围内,有概预算对比分析报表和说明(如对比分析内容是否完整,是否包括建筑面积、用地面积等数量、金额、经济指标的对比分析,是否包括使用功能、设计标准等的对比分析)。

6 施工图预算的计算底稿完整,计算过程清晰且可追溯,计算数据准确。

7 施工图预算的暂定项目合理,暂列金取值合理。

第3篇

PART 03

施工标准化

1 地基与基础工程

1.1 地基

1.1.1 土方工程

1 土方工程施工前应进行挖、填方的平衡计算,减少重复挖运,应考虑土方运距最短、经济性综合最优。

2 挖方前应修建地面排水和降低地下水位的设施。

3 土方开挖应避免危害周边环境,应采取有效措施防止基坑底部隆起。

4 土方工程施工中,应经常测量和校核平面位置、水平高程和边坡坡度,应采取可靠措施保护平面控制桩和水准控制点并定期检查其稳定性。

5 平整场地土方宜采用机械压实,压实度应符合设计要求。

6 平整后的场地表面坡度应符合设计要求;设计无要求时,排水沟的坡度应不小于2‰。应逐点检查平整后的场地表面坡度,每 $100 \sim 400 m^2$ 取 1 个检查点,总数应不少于 10 个;应在开挖场地边缘各边每 20m 取 1 个检查点,且每边应不少于 1 个。

1.1.2 地基处理

1 原土地基

1)基坑(槽)开挖前,应根据工程结构形式、基坑(槽)深度、地质条件、气候条件、周围环境、施工方法、施工工期和地面荷载等有关资料,确定基坑(槽)开挖方案和地下水控制方案。

2)基坑开挖深度大于或等于 5m 时,施工单位应在土方施工专项方案经施工单位技术负责人审核和总监理工程师审查通过后组织召开土方施工专项方案专家论证会。

3)基坑(槽)周围地面应设置防水、排水设施,防止雨水等地面水浸入基坑周边土体造成危害。

4)在基坑(槽)边缘位置堆放的土方和建筑材料、移动的运输工具和机械距基坑上部边缘不宜少于2m,土方堆置高度不应超过1.5m,相关堆放物重量不可超过设计荷载值。如果堆放在垂直的坑壁边,此安全距离还应合理加大。

5)采用机械开挖土方时,应保持坑底土体原状结构,应在基坑(槽)底留200~300mm厚土层,由人工挖掘修整。同时应设排水沟及集水坑,采用水泵及时排除坑(槽)底积水。

6)基坑(槽)开挖时,应经常复测和检查平面控制桩、水准点、基坑平面位置、水平高程、边坡坡度等。

7)基坑(槽)开挖至设计高程后,应检测地基承载力,地基承载力必须满足设计要求。

8)基坑(槽)开挖完成后,应及时清底验槽,缩短暴露时间,防止暴晒和雨水浸刷破坏地基土的原状结构。

9)验槽后,应及时浇筑垫层封闭基坑。

10)基础结构完成后,应及时回填基坑。回填宜采用挖出的原状土,不得用腐殖土、冻土及含水量大的土等作为填土,或设计要求的填料。回填应分层夯实,应满足设计密实度要求。

2 水泥搅拌桩地基

1)施工前应按照桩位布置图测量放线,设置高程控制点和轴线控制网。

2)在桩机安装和施工中,应保证搅拌机的水平度和导向架的垂直度符合规定。

3)相邻两桩的施工间隔不得超过12h。

4)应严格按照配合比配置水泥浆,每延米的固化剂用量偏差不得超过设计值的±5%。为防止水泥浆离析,可在灰浆机中不断搅动,待压浆前再将水泥浆倒入料斗中。

5)成桩时应控制搅拌桩机的提升速度和次数,以控制注浆用量,保证搅拌均匀、泵送连续、注浆连续均匀。

6)压浆阶段应避免断浆,应避免输浆管发生堵塞。

7)为提高桩顶强度,应对桩顶1~1.5m范围内增加一次输浆。

8)搅拌桩的垂直度偏差不得超过1.0%,桩位偏差不得大于50mm,成桩直径和桩长不得小于设计值。

9)基槽开挖后,应对照设计要求检验桩位、桩数与桩顶质量。

10)在施工过程中,应及时做好施工记录和计量记录。应对照施工工艺和施工质量验收要求进行检查,检查重点应包括固化剂的用量、桩长、桩径、制桩过程中有无断桩现象、搅拌提升的时间、复搅的次数和复搅的深度等。

1.2 基础

1.2.1 混凝土基础

1 施工前应清理和平整基底,并复核轴线。

2 施工前应检查防雷接地是否符合规范和设计要求。

3 施工前监理单位应组织验收基坑(槽)隐蔽工程,基底承载力应符合设计要求。

4 施工前应检查基础钢筋,检查内容应包括钢筋合格证和检测报告等证明材料,钢筋表面是否洁净,钢筋用量、尺寸、横截面和拉伸性能等符合设计要求。现场钢筋绑扎完成后应及时验收。

5 常温下浇筑混凝土,应在混凝土终凝前覆盖和浇水。混凝土在常温下的养护期不得少于7d,特种混凝土养护期不得少于14d。应安排专人负责检查养护工作,防止由于养护不及时和养护要求未达到造成的混凝土表面裂缝。

1.2.2 预应力管桩基础

1 应对管桩的配料、生产、运输、使用等进行全过程监控管理。建设单位应组织监理单位和施工单位考察并审核管桩生产企业,定期检查和跟踪管桩的配桩、进场和使用消耗情况。

2 每一批次进场管桩应经监理单位验收。验收内容应包括预应力混凝土管桩的外观质量、混凝土保护层、尺寸允许偏差、抗弯性能、规格、型号、数量、检测报告、合格证书、质量保证承诺等。管桩抽检数量、管桩规格、管桩质量等应符合设计、相关规范和合同要求。

3 施工单位应根据设计图纸进行桩位放样,明确每根管桩编号,可采用二维码的形式为每根管桩建立信息档案。

4 管桩配桩应按照长短桩结合的原则配置。软土层中相邻桩的接头位置(高程位置)宜错开不小于3m,长桩应在下方。成桩过程中遇较难穿透的土层时,宜在桩尖穿过该土层后接桩,接桩应符合设计要求。

5 每幢建筑施工前应按照设计要求和有关规定试桩。试桩位置应为地质钻孔探明的承载力相对较弱区域。施工单位应根据设计要求编制实施性试桩方案并报监理单位审查,设计单位、监理单位应见证试桩全过程,确定施工工艺参数,检验桩的承载力,签认试桩报告,报建设单位批准。

6 管桩施工宜采用后退式施工,由建筑物一侧向另一侧移动施工。

7 管桩底部应设置桩尖,施工过程中应保证桩尖完整。管桩顶部应做好保护,避免因管孔堵塞影响管桩实际施打长度的检验。

8 可根据工点情况采用锤击法或静压法施工,应根据静力触探结果和试桩试验确定收锤标准(终压值)。

9 管桩接桩宜采用机械连接。采用焊接时,管桩连接应采用二氧化碳保护焊接;每台打桩设备应配置2套焊接设备;焊接前坡口应刷至露出金属光泽;焊接宜在四周对称进行,焊缝应连续、饱满;二氧化碳气体保护焊的自然冷却时间应不短于5min。

10 每根桩宜一次性连续沉至控制高程,沉桩过程中停歇时间不应过长。沉桩过程中应严格控制桩身的垂直度。

11 桩头损坏部分应予以切除。桩顶不平时,应修切或修垫(钢筋混凝土桩)平整。

12 管桩施工现场应设置工序验收牌,监理工程师应定期巡检,关键位置应有旁站监理。关键工序验收(施工平台验收、接桩验收、引孔桩顶位置验收、成桩验收、桩帽及钢筋安装验收、垫层和土工格栅验收等)要求现场施工员、监理工程师手持工序验收牌留下影像资料,影像资料应包括人员、验收牌、打桩机、施工背景等内容。验收由施工单位申报,监理单位组织,建设、设计、施工等单位参加。验收过程中,监理单位应做抽检记录,四方共同签认合格后进入下道工序。

13 建设单位应及时组织管桩施工质量检测,检测数量及频率应符合设计要求、国家和行业现行有关标准的规定。主要检测内容应包括桩身垂直度、截桩后的桩顶高程、桩顶平面位置、桩长、桩身的完整性、单桩承载力等。

14 对未采用低应变动测法、高应变动测法和静载试验检测的管桩,宜采用孔内摄像法检测桩身完整性和桩长。

1.2.3 泥浆护壁混凝土灌注桩

1 施工前,应检验灌注桩的原材料及桩位处的地下障碍物处理资料。

2 钻孔机就位时,应保持平稳,不得发生倾斜、位移,应在机架上或机管上设置控制标尺,以便在施工中进行观测、记录,准确控制钻孔深度。

3 施工期间,护筒内的泥浆面应高出地下水位1.0m以上。

4 在清孔过程中、浇筑混凝土前,应不断置换泥浆。

5 在护筒连接处,护筒内应无突出物。护筒及护筒连接处应耐拉、耐压、不漏水。

6 施工中,应检验成孔、钢筋笼制作与安装、水下混凝土灌注等各项质量指标,应检验嵌岩桩桩端的岩性和入岩深度。每一根桩成孔后,应由建设、设计、监理、施工等单位共同确认终孔。

7 施工后,应检验桩身完整性、混凝土强度及承载力。

8 检验灌注桩混凝土强度的试件应在施工现场随机抽取。同一搅拌站的混凝土,每浇筑 $50m^2$ 必须留置至少1组试件;当混凝土浇筑量不足 $50m^2$ 时,每连续浇筑12h必须留置至少1组试件;对单柱单桩,每根桩应留置至少1组试件。

1.2.4 沉管灌注桩

1 打桩机应垂直、平稳地架设在打(沉)桩部位,桩锤(振动箱)应对准桩位。应在桩架或套管上标记控制深度,以便在施工中观测套管深度。

2 采用活瓣式桩尖时,应将桩尖活瓣用麻绳或铁丝捆紧合拢,活瓣间隙应紧密。当桩尖对准桩基中心,核查套管垂直度,利用锤击及套管自重将桩尖压入土中。

3 采用预制混凝土桩尖时,应在桩基中心预埋桩尖,在套管下端与桩尖接触处垫缓冲材料。桩机就位后,吊起套管,对准桩尖,使套管、桩尖、桩锤在一条垂直线上,利用锤重及套管自重将桩尖压入土中。

4 成桩施工宜按从中间向两侧或四周的顺序进行。群桩基础或桩的中心距小于或等于桩径的3.5倍时,应间隔施工;中间空出的桩应在邻桩混凝土达到设计强度的50%后开始施工。

5 应按设计要求和试桩情况严格控制沉管最后贯入度。

6 埋设钢筋笼时,应对准管孔,垂直缓慢下降。在混凝土桩顶采用构造连接插筋时,应沿周围对称、均匀、垂直插入。

7 桩顶混凝土宜高出设计高程200mm左右,待施工承台时凿除。如果设计有规定,应按设计要求施工。

8 应按沉管方法分别采取不同的拔管方法。每次拔管高度应以能容纳吊斗一次灌注混凝土量为限,边拔边灌,套管内应保持不少于2m高的混凝土。在拔管过程中,应安排专人用测锤或浮标检查管内混凝土下降情况,单次拔管不得过高。

9 检验灌注桩混凝土强度的试件应在施工现场随机抽取。同一搅拌站的混凝土,每浇筑50m^{2}必须留置至少1组试件;混凝土浇筑量不足50m^{3}时,每连续浇筑12h必须留置至少1组试件;对单柱单桩,每根应留置至少1组试件。

2 主体结构工程

2.1 混凝土结构

2.1.1 地基处理

1 各分部分项工程模板安装或拆除前,应对各施工班组进行施工管理和技术交底。

2 应根据工程结构形式、荷载、地基土类别、施工设备和材料供应等条件设计模板及其支架。模板及其支架应具有足够的承载能力、刚度和稳定性。

3 在浇筑混凝土前,应验收模板工程。安装模板和浇筑混凝土时,应观察和维护模板及其支架;发生异常情况时,应按施工技术方案及时处理。

4 柱模板安装前,应凿毛柱根,剔除柱边线范围内的混凝土浮浆直至露出均匀的石子。凿毛应覆盖柱边线内全部范围且深度应不小于5mm,剔凿点间距应控制在20～30mm。应及时清理并用水冲洗剔除的浮浆残渣。

5 柱箍材料应根据模板施工方案选择。应按方案设计要求设置柱箍间距并钉牢固。安装柱箍时应保持水平,应通过计算确定对拉螺栓直径,螺杆扭矩值应符合方案要求。

6 应控制柱模板垂直度偏差。层高不超过5m时,垂直度偏差应控制在6mm以内;层高大于5m时,垂直度偏差应控制在8mm以内。柱根部封堵应符合施工规范要求。

7 梁底模安装前应先钉柱头模板。底模安装时,应拉线找平。梁跨度大于或等于4m时应按设计起拱,主、次梁相交时应先主梁起拱再次梁起拱。模板支设完成后,应复核梁底模板高程。

8 梁模板安装应遵循边模包底模的原则,梁的侧模板应拉线安装。

9 楼面(板)模板的所有立杆底部应设置垫脚板,支柱应垂直,支柱间距应根据楼板混凝土重量和施工荷载确定。

10 楼面(板)模板应按照规定起拱,相邻模板表面高差应控制在2mm以内。

11 应根据结构特点和混凝土所达到的强度确定拆模时间。应填写模板拆除申请表,经施工单位技术负责人审核确认后实施。

12 严禁采用竹(木)材料搭设脚手架。宜采用承插型盘扣式钢管脚手架、扣件式非悬挑钢管脚手架。

13 禁止采用门式钢管架搭设满堂承重支撑架。宜采用承插型盘扣式钢管支架、钢管柱梁式支架、移动模架。

2.1.2 钢筋工程

1 钢筋进场时应提供出厂合格证和检测报告,还应按国家和行业现行有关标准的规定抽取试件做屈服强度、抗拉强度、伸长率、弯曲性能和重量偏差检验,检验结果应符合国家和行业现行有关标准的规定。

2 抽检试件应由监理现场随机抽取。

3 按一、二、三级抗震等级设计的框架和斜撑构件(含梯段)中的纵向受力普通钢筋的强度和最大拉力下总伸长率的实测值应符合国家和行业现行有关标准的规定。

4 钢筋调直严禁使用卷扬机,可使用普通钢筋调直机,宜使用数控钢筋调直切断机。

5 钢筋焊接不宜采用现场人工操作闪光对焊方式,宜使用套筒冷挤压连接、滚压螺纹套筒连接等钢筋焊接方式。

6 混凝土垫块必须与钢筋骨架绑扎牢固,不得松动、位移、脱落。

7 在混凝土浇筑前,应进行钢筋隐蔽工程验收,验收内容包括:

1)纵向受力钢筋的品种、规格、数量、位置等。

2)钢筋的连接方式、位置、数量、面积百分率等。

3)箍筋、横向钢筋的品种、规格、数量、间距等。

4)预埋件的规格、数量、位置等。

8 验收过程中,监理工程师应做钢筋隐蔽工程记录。验收合格后应经过建设、监理、施工三方共同签认同意后方可进入下一道工序。

2.1.3 混凝土工程

1 公路房建工程所用混凝土宜由公路建设项目的土建拌和站集中预拌提供,可采用商品混凝土;如果采用商品混凝土,商品混凝土所用原材料、外加剂、辅料的质量应合格,相关试验与检验报告应齐全,开盘试块留置应规范,坍落度、强度应符合要求。

2 水泥进场时应提供出厂合格证、检验报告,应检查其品种、级别、散装仓号(或包装)、出厂日期等,应复验其强度、安定性及其他必要的性能指标。水泥出厂超过3个月(快硬硅酸盐水泥超过1个月)时,应进行复验,复验结果符合标准才可以使用。

3 同一厂家、同一品种、同一代号、同一强度等级、同一批号且连续进场的水泥,袋装单批进场数量应不超过200t,散装单批进场数量应不超过500t,每批抽样次数应不少于1次。

4 检验结构构件混凝土强度的试件应在混凝土的浇筑点随机抽取且有监理工程师旁站。取样与试件留置还应符合下列规定:

1)每一楼层、同一配合比的混凝土,取样不得少于1次。

2)每次取样应至少留置1组标准养护试件,同条件养护试件的留置组数应根据实际需要确定。

5 下沉式卫生间、敞口式外走廊、外阳台、平屋面及坡屋面女儿墙的结构混凝土泛水，应在主体工程施工时安装吊模，与楼面或屋面混凝土一次浇筑成型。

6 钢筋保护层垫块禁止采用现场拌制砂浆切割成型的方法制作，应使用专业化压制设备和标准模具制作。

7 模板拆除后应及时验收混凝土外观质量，并检测混凝土强度和碳化值。如果混凝土外观存在一般质量缺陷，应及时处理。墙、柱、楼梯阳角部位应设置护角。

2.2 钢结构

2.2.1 构件焊接

1 钢结构材料进场时应提供出厂合格证、检测报告，还应按国家和行业现行有关标准的规定抽取试件进行屈服强度、抗拉强度、伸长率、弯曲性能和重量偏差检验，检验结果应符合国家和行业现行有关标准的规定。

2 同一品种、规格的同批次钢构件的抽检率应不低于10%，且抽检数量应不少于3件。抽检试件应由监理在现场随机抽取。

3 焊工必须持有焊工合格证书，应在考试合格项目及证书认可范围内施焊。

4 施工单位应对首次采用的钢材、焊接材料、焊接方法、焊后热处理等进行焊接工艺评定，根据评定报告确定焊接工艺。

5 不得在焊道外引弧施焊。

6 严禁使用未经烘干的焊条施焊。

7 对于建筑结构安全等级为一级的建筑物，应抽样复验一级和二级焊缝。对于大跨度和重级工作制吊车梁，应抽样复验一级焊缝。

8 设计要求全焊透的一、二级焊缝应采用超声波探伤检验内部缺陷；超声波探伤不能对缺陷做出判断时，应采用射线探伤。

2.2.2 紧固件

1 钢结构连接使用的各类紧固标准件及螺母、垫圈等标准配件的品种、规格、性能等应符合国家和行业现行有关标准的规定以及设计要求。

2 高强度大六角头螺栓连接副和扭剪型高强度螺栓连接副出厂时应分别随箱附有扭矩系数和紧固轴力（预拉力）的检验报告。

3 高强度螺栓连接副应按包装箱配套供货，包装箱上应标明批号、规格、数量及生产日期。螺栓、螺母、垫圈外表面应涂油保护，不应生锈和沾染脏物，螺纹不应有损伤。

4 应按现行《钢结构工程施工质量验收标准》（GB 50205）的规定检验高强度大六角头螺栓连接副及扭剪型高强度螺栓连接副的扭矩系数，检验结果应符合该标准的规定。

5 高强度大六角头螺栓连接副终拧完成1h后、48h内应进行终拧扭矩检查，检查结果应符合现行《钢结构工程施工质量验收标准》（GB 50205）的规定。

6 扭剪型高强度螺栓连接终拧后,除因构造原因无法使用专用扳手终拧掉梅花头者外,在终拧中未拧掉梅花头的螺栓数应不多于该节点螺栓数的5%。所有未拧掉梅花头的扭剪型高强度螺栓连接副应采用扭矩法或转角法进行终拧并做标记,且按现行《钢结构工程施工质量标准》(GB 50205)的规定检查终拧扭矩。

7 钢结构制作和安装单位应按现行《钢结构工程施工质量标准》(GB 50205)的规定分别试验和复验高强度螺栓连接摩擦面的抗滑移系数,应单独测试现场处理的构件摩擦面抗滑移系数,其结构应符合设计要求。

8 对于建筑结构安全等级为一级、跨度40m及以上的螺栓球节点钢网架结构,应测试其连接高强度螺栓的表面的硬度。

2.2.3 零部件加工

1 零部件钢材切割面或剪切面应无裂纹、夹渣、分层和大于1mm的缺棱。

2 气割或机械剪切的零件需要进行边缘加工时,刨削量应不小于2.0mm。

3 螺栓球和焊接球表面不应有裂纹、褶皱。焊接球的对接坡口应采用机械加工,对接焊缝表面应打磨平整。

2.2.4 网架结构组装及拼装

1 吊车梁和吊车桁架安装后不应有下挠。

2 钢构件外形尺寸的允许偏差应符合表2.2.4-1的规定。

钢构件外形尺寸允许偏差　　　　表2.2.4-1

项　目	允许偏差
单层柱、梁、桁架受力支托(支承面)表面至第一安装孔距离	±1.0mm
多节柱铣平面至第一个安装孔距离	±1.0mm
实腹梁两端最外侧安装孔距离	±3.0mm
构件连接处的截面几何尺寸	±3.0mm
柱、梁连接处的腹板中心线偏移	2.0mm
受压构件(杆件)弯曲矢高	l/1000,且不应大于10mm

3 对于高强度螺栓和普通螺栓连接的多层板叠,应采用试孔器进行检查,并应符合下列规定:

1)当采用比孔公称直径小1.0mm的试孔器检查时,每组孔的通过率应不小于85%。

2)当采用比螺栓公称直径大0.3mm的试孔器检查时,通过率应为100%。

4 端部铣平的允许偏差应符合表2.2.4-2的规定。

端部铣平允许偏差　　　　表2.2.4-2

项　目	允许偏差
两端铣平时构件长度	±2.0mm
两端铣平时零件长度	±0.5mm
铣平面的平面度	0.3mm
铣平面对轴线的垂直度	l/1500

5 焊接 H 型钢的翼缘板拼接缝和腹板拼接缝的间距应不小于 200mm。翼缘板拼接长度应不小于 2 倍板宽；腹板拼接宽度应不小于 300mm，长度应不小于 600mm。

6 顶紧接触面应有 75% 以上的面积紧贴。

7 桁架结构杆件轴线交点错位的允许偏差不得大于 3.0mm。

8 安装焊缝坡口的允许偏差应符合表 2.2.4-3 的规定。

安装焊缝坡口允许偏差　　表 2.2.4-3

项　目	允 许 偏 差
坡口角度	±5°
钝边	±1.0mm

9 对外露铣平面应进行防锈保护。

2.2.5 压型金属板

1 压型金属板成型后，其基板不应有裂纹。

2 有涂层、镀层的压型金属板成型后，涂、镀层不应有肉眼可见的裂纹、剥落和擦痕等缺陷。

3 压型金属板、泛水板和包角板等应固定牢固。防腐涂料涂刷和密封材料敷设应完好。

4 压型金属板应在支撑构件上可靠搭接；搭接长度应符合设计要求，且不应小于表 2.2.5 所规定的数值。

压型金属板支撑构件搭接长度　　表 2.2.5

项　目		搭接长度(mm)
截面高度 >70mm		375
截面高度 ≤70mm	屋面坡度 <1/10	250
	屋面坡度 ≥1/10	200
墙面		120

5 组合楼板中，压型钢板与主体结构(梁)的锚固支承长度应符合设计要求，且不应小于 50mm。钢筋绑扎应在压型金属板验收合格后进行。

2.2.6 防腐涂料

1 钢结构防腐涂料、稀释剂和固化剂等材料的品种、规格、性能等应符合设计要求、国家和行业现行有关标准的规定。

2 钢结构普通涂料涂装工程应在钢结构件组装、预拼装或钢结构安装工程检验批次的施工质量验收合格后进行。

3 涂装前，应按设计要求、国家和行业现行有关标准的规定对钢材表面进行除锈处理。处理后的钢材表面不应有焊渣、焊疤、灰尘、油污、水和毛刺等。

4 漆料、涂装遍数、涂层厚度应符合设计要求。当对涂层厚度无设计要求时，涂层干漆膜总厚度:室外应为15μm,室内应为125μm,允许偏差为-25μm。每遍涂层干漆膜厚度允许偏差为-5μm。

5 涂装时的环境温度和相对湿度应符合涂料产品说明书的要求。当产品说明书无要求时,环境温度宜在5~38℃,相对湿度不应大于85%。涂装时构件表面不应结露。涂装后4h内应保护其免受雨淋。

2.2.7 防火涂料涂装

1 钢结构防火涂料的品种和技术性能应符合设计要求,检测结果应符合国家和行业现行有关标准的规定。

2 防火涂料涂装前应对钢材表面进行除锈处理、涂装防锈底漆,应符合设计要求、国家和行业现行有关标准的规定。钢结构防火涂料涂装应在钢结构安装和钢结构普通涂料涂装通过施工质量验收且合格后进行。

3 薄涂型防火涂料的涂层厚度应符合有关耐火极限的设计要求。厚涂型防火涂料80%或以上面积的涂层厚度应符合有关耐火极限的设计要求,且最薄处厚度不应低于设计要求的85%。

4 薄涂型防火涂料涂层表面裂纹宽度不应大于0.5mm;厚涂型防火涂料涂层表面裂纹宽度不应大于1mm。

5 钢结构防火涂料的黏结强度应符合现行《钢结构防火涂料应用技术规程》(TCECS 24)的有关规定,检验方法应符合现行《建筑构件防火喷涂材料性能试验方法》(GA 110)的有关规定。

2.3 砌体结构

2.3.1 砌体砌筑

1 砌筑之前,各种砌体材料应按相应要求提前用水湿润,严禁采用干砖。

2 严禁使用受冻石灰膏拌制砂浆。

3 严禁使用石粉或混合粉代替砂浆用砂。

4 掺用塑化剂的砌筑用砂浆的拌和时间为3~5min。拌和后的砂浆应在3h内用完,严禁使用超时砂浆。

5 严禁使用卧式搅拌机拌制砂浆。

6 砌筑墙体不可一次到顶,应分2~3次砌完,避免砂浆收缩,确保墙体充分沉实。非承重砌体每次砌筑高度不得超过1.5m。

7 在墙体砌筑面与梁柱面交界处,应清理梁柱的垃圾余浆。

8 砌筑时应避免墙体重缝、透光。灰缝应横平竖直、厚薄均匀,水平灰缝厚度及竖向灰缝宽度宜为10mm,应不小于8mm、不大于12mm。

9 烧结空心砖、轻集料混凝土小型空心砌块砌体的灰缝宽度应为8~12mm。

10 砌筑蒸压加气混凝土砌块时,如果砌筑砂浆采用水泥砂浆或水泥混合砂浆,水平灰缝厚度和竖向灰缝宽度不应超过15mm;如果砌筑砂浆采用蒸压加气混凝土砌块黏结砂浆,水平灰缝厚度和竖向灰缝宽度宜为3mm。

11 砖砌体灰缝砂浆应密实饱满。砖墙水平灰缝的砂浆饱满度不得低于80%,砖柱水平灰缝和竖向灰缝饱满度不得低于90%。

12 填充墙砌体的砂浆饱满度不得低于80%。空心砖砌体垂直灰缝应填满砂浆,不得有透明缝、瞎缝、假缝。

13 砌体施工前,监理工程师应组织检查墙体拉结筋的数量和稳定性并做记录。

14 砌体轴线位移偏差不应大于10mm,砌体垂直度偏差不应大于5mm,表面平整度偏差不应大于8mm。

15 塞口砖两头斜角宜用实心砖切割,或采用混凝土提前预制定型产品。

16 斜砖塞口应在砖墙砌筑完毕14d后砌筑,塞口水平角度应在60°~90°。

17 斜砖应使用挤浆砌筑,保证砂浆饱满。

18 拆除脚手架后,应使用防水细石混凝土将外墙墙体上预留的外脚手架连墙件孔洞填补密实。

2.3.2 构造柱

1 墙体长度大于5m时,墙顶与梁(板)宜采用钢筋拉接。当顶部拉结施工有困难时,可在墙中设置构造柱,构造柱间距应不超过5m。

2 墙体长度大于层高的2倍时,宜设构造柱。应在墙体转角、砌体丁字交界处及通窗或者连窗的两侧设置构造柱。

3 墙体高度超过4m时,宜在墙体半高或门洞上皮处设置与柱连接的混凝土现浇带,混凝土现浇带应沿墙通长设置。

4 混凝土构造柱表面不应有露筋、蜂窝麻面等质量缺陷。

5 构造柱的中心线位置偏差不应大于10mm。构造柱的层间错位偏差不应大于8mm。构造柱每层垂直度偏差不应大于10m。构造柱受力钢筋保护层厚度偏差不应大于10mm。配筋小砌块砌体墙凹槽中水平钢筋间距偏差不应大于10mm。

2.3.3 预制过梁安装

1 应按设计及构造要求设置过梁。应使用钢筋混凝土预制过梁,不宜使用砖砌过梁。

2 预制钢筋混凝土过梁应符合下列规定:

1)预制钢筋混凝土过梁构件的规格、型号、预埋件位置、数量、外观质量等应符合设计要求。

2)预制过梁应浇筑密实,强度应符合国家和行业现行有关标准的规定和设计要求。

3)安装预制过梁时,应在过梁两端弹线控制定位尺寸;两端搁置长度应一致,搁置长度不应小于240mm。

3 砖砌过梁应符合下列规定:

1)砖砌过梁计算截面高度内的砂浆强度不宜低于 M5(Mb5、Ms5)。

2)砖砌平拱用竖砖砌筑部分的高度不应小于 240mm。

3)钢筋砖过梁底面砂浆层的钢筋直径不应小于 5mm,间距不宜大于 120mm,钢筋伸入支座砌体内的长度不宜小于 240mm,砂浆层的厚度不宜小于 30mm。

3 屋面工程

3.1 基层

3.1.1 找平(坡)层

1 严禁在完成班组技术交底前开展工序作业。

2 找平(坡)前应将屋面结构板上的垃圾、杂物等清理干净。

3 屋面找平(找坡)层应设置分格缝。分格缝纵、横缝的间距应不大于6m,找平层与找坡层分格缝间距应相同;缝宽应为20mm,女儿墙周边分隔缝宽应为30mm。

4 突出屋面结构(女儿墙、山墙变形缝、出气孔等)的转角处,找平层应做成圆弧形,圆弧半径应为50mm,应整齐平顺。

5 水落口周围直径500mm范围内的坡度不应小于5%。

3.1.2 隔汽层

1 隔汽层的基层应平整、干净、干燥。

2 隔汽层应选用气密性、水密性好的材料。

3 在屋面与墙连接处的隔汽层,应沿墙面向上连续铺设应至少高出保温层上表面150mm。

4 穿过隔汽层的管线周围应封严,转角处应无折损。

5 隔汽层采用卷材时宜空铺;卷材搭接缝应满粘,其搭接宽度不应小于80mm。隔汽层采用涂料时应涂刷均匀。

6 卷材隔汽层应铺设平整。卷材搭接缝应粘接牢固、密封严密,不得有扭曲、皱褶和起泡等缺陷。

7 涂膜隔汽层应粘接牢固、表面平整、涂布均匀,不得有堆积、起泡和露底等缺陷。

3.1.3 隔离层

1 应清理基层上的浮浆、落地灰等。可用錾子或钢丝刷清理,再用扫帚清扫。

2 应在隔离层管根、阴阳角部位做一布二涂的加强层。加强层的宽度宜大于200mm。应在加强层全部干透后大面积施工隔离层。

3 塑料膜、土工布、卷材应铺设平整,其搭接宽度不应小于50mm,不得有皱褶。

4 低强度等级砂浆表面应压实、平整,不得有起壳、起砂现象。

5 隔离层完工后应进行闭水试验,蓄水高度应超过找平层最高点20~30mm,蓄水时间不得少于24h。

3.1.4 保护层

1 保护层施工前,卷材防水层应养护2d以上,涂膜防水层应养护7d以上。

2 块体材料保护层表面应干净,接缝应平整,周边应顺直,镶嵌应正确,不应有空鼓。

3 水泥砂浆、细石混凝土保护层不得有裂纹、脱皮、麻面和起砂等缺陷。

3.2 保温(隔热)

3.2.1 板状材料保温层

1 保温层铺设前,应将预制或现浇混凝土基层表面的尘土、杂物等清理干净,使其平整、干燥。

2 檐口、天沟处的屋面保温层应延伸到外坡外侧,并同外墙外保温层交圈。

3 女儿墙根部与保温层间应设置温度缝,缝宽宜为15~20mm,深度应贯通到结构基层。

4 板状保温材料应紧贴基层铺设,应铺平垫稳、拼缝严密、粘贴牢固。

3.2.2 纤维材料保温层

1 纤维保温材料应紧靠在基层上表面,平面接缝应挤紧拼严,上下层接缝应相互错开。

2 屋面坡度较大时,宜采用金属或塑料专用固定件固定纤维保温材料与基层。

3 固定件的规格、数量和位置应符合设计要求。垫片应与保温层表面齐平。

4 装配式骨架和水泥纤维板应铺钉牢固,表面应平整。龙骨间距和板材厚度应符合设计要求。

5 具有抗水蒸气渗透外覆面的玻璃棉制品的外覆面应朝向室内,拼缝应使用防水密封胶带封严。

6 纤维材料填充后,不得在上方行走、踩踏。

3.2.3 现浇泡沫混凝土保温层

1 保温层施工前,应检查基层是否有裂缝、孔洞等缺陷。

2 基层应干净、平整、坚固、干燥(含水率小于9%),不得有松散浮灰、杂物、油污、积水、起鼓等缺陷。

3 应使用塑料橡胶袋密实封堵屋面的管道、通道。

4 应按设计要求试配泡沫混凝土,确定其水泥、发泡剂、水及外加剂的掺量。

5 现浇泡沫混凝土保温层的厚度应符合设计要求,偏差应在5%以内,且不得大于5mm。

6 现浇泡沫混凝土应分层施工、粘接牢固、表面平整、坡度正确。

7 现浇泡沫混凝土不得有贯通性裂缝、疏松、起砂、起皮等缺陷。

3.2.4 架空隔热层

1 架空板铺设应平整、稳固,缝格应采用水泥砂浆勾缝压光,应按设计要求设置伸缩缝。

2 架空隔热屋面的架空隔热层高度宜为100~300mm。伸缩缝分格后的屋面面积应不大于36m²。

3 架空隔热制品距山墙或女儿墙的距离应不小于250mm。

4 架空隔热层的高度和通风屋脊、变形缝做法应符合设计要求。

3.3 防水与密封

3.3.1 防水施工前应验收屋面结构,验收内容应包括找平层、找坡层、保温(隔热)层、预埋管线、穿屋面透气管等。

3.3.2 卷材防水层

1 卷材防水层施工前,应将基层的尘土、杂物等清理干净。

2 穿过结构的管道根部施作卷材防水层后,应使用细石混凝土塞堵管道根部,应做试水试验并记录试水情况,确保密实、无渗漏。

3 檐口、檐沟、天沟、水落口、泛水、变形缝和伸出屋面管道的卷材防水层构造应符合设计要求。

4 卷材的搭接缝应粘接或焊接牢固,密封应严密,不得扭曲、皱褶和翘边。

5 卷材防水层的收头应与基层粘接,钉压应牢固,密封应严密。

6 不宜采用沥青类防水卷材热熔工艺。在密闭空间、通风不畅空间、易燃材料附近等区域,不得采用沥青类防水卷材热熔工艺,宜采用高分子增强复合防水卷材、自粘类改性沥青防水卷材、高密度聚乙烯自粘胶膜防水卷材等。

3.3.3 涂膜防水层

1 防水涂料实施前,应清理基层,基层不得有浮尘、杂物、明水等。

2 应在檐口、檐沟、天沟、水落口、泛水、变形缝和伸出屋面管道等易发生漏水的位置加强防水处理。

3 涂膜防水层的平均厚度应符合设计要求,最小厚度不得小于设计厚度的80%。

4 涂膜防水层与基层应粘接牢固,表面应平整,涂布应均匀,不得有流淌、皱褶、起泡和露胎体等缺陷。

5 应使用防水涂料多遍涂刷涂膜防水层的收头。

6 铺贴胎体增强材料应平整顺直,搭接尺寸应准确,应排除气泡,应与涂料粘接牢固,胎体增强材料搭接宽度的偏差不应大于 -10mm。

7 应在防水层经过试水试验且满足要求后进行下一道工序。

3.3.4 复合防水层

1 复合防水层所用防水材料及其配套材料的质量应符合设计要求。

2 基层应平整,表面应无疏松、起砂、裂纹。如果基层干燥,应先洒水湿润。

3 天沟、檐沟、檐口、水落口、泛水、变形缝和伸出屋面管道处的复合防水层构造应符合设计要求。

4 卷材与涂膜应粘贴牢固,不得有空鼓和分层。

5 复合防水层的总厚度应符合设计要求。

3.3.5 接缝密封防水

1 基层应牢固,表面应平整、密实,不得有裂缝、蜂窝、麻面、起皮和起砂。基层应清洁、干燥、无油污、无灰尘。

2 密封材料嵌填应密实、连续、饱满,粘接应牢固,不得有气泡、开裂、脱落等缺陷。

3 接缝宽度和密封材料的嵌填深度应符合设计要求。

4 嵌填的密封材料表面应平滑,缝边应顺直,不应有明显不平和周边污染。

3.3.6 屋面防水检验

1 防水层完工后,应在雨后或持续淋水 2h 后(屋面做蓄水试验的,蓄水时间不应少于 24h),检查屋面有无渗漏、积水和排水系统是否通畅。应在施工质量符合要求后进行防水层验收。

3.4 瓦面与板面

3.4.1 烧结瓦

1 基层应平整、干净、干燥。持钉层厚度应符合设计要求。

2 顺水条应垂直于正脊方向铺钉在基层上。顺水条表面应平整,间距不宜大于 500mm。

3 挂瓦条应铺钉平整、牢固,上棱应成一直线。

4 挂瓦应从两坡的檐口同时对称进行。瓦后爪应与挂瓦条挂牢,并应与邻边、下面两瓦落槽密合。

5 檐口瓦、斜天沟瓦应使用镀锌铁丝牢固拴在挂瓦条上,每片瓦均应与挂瓦条固定牢固。

6 整坡瓦面应平整,行、列应横平竖直,不得翘角、张口。

7 正脊和斜脊应铺平挂直,脊瓦搭盖应顺主导风向和流水方向。

8 脊瓦应搭盖正确、间距均匀、封固严密。正脊和斜脊应顺直、无起伏。

9 脊瓦在两坡面瓦上每边的搭盖宽度不应小于 40mm。脊瓦下端距坡面瓦的高度不宜大于 80mm。

10　瓦头伸入檐沟、天沟内的长度宜为 50～70mm。瓦头挑出檐口的长度宜为 50～70mm。

11　金属檐沟、天沟伸入瓦内的搭接宽度不应小于 150mm。

12　突出屋面结构的侧面瓦伸入泛水的搭接宽度不应小于 50mm。

3.4.2　玻璃采光棚

1　采光棚玻璃及其配套材料的质量应符合设计要求。玻璃采光棚的预埋件位置应准确，安装应牢固。

2　采光棚玻璃表面应平整、洁净，颜色应均匀一致。

3　玻璃采光棚与周边墙体之间的连接应符合设计要求。

4　玻璃采光棚铺装应平整、顺直；排水坡度应符合设计要求。

5　采光棚玻璃的密封胶缝应横平竖直、深浅一致、宽窄均匀、光滑顺直。

6　硅酮耐候密封胶的打注应密实、连续、饱满，粘接应牢固，不得有气泡、开裂、脱落等缺陷。

7　明框玻璃采光棚的外露金属框或压条应横平竖直，压条安装应牢固；隐框玻璃采光顶的玻璃分格拼缝应横平竖直、均匀一致。

8　点支承玻璃采光棚的支承装置应安装牢固，支承装置不得与玻璃直接接触。

3.5　屋面细部

3.5.1　檐口

1　应清理檐口的基层表面，修整线条顺直。

2　应在已干燥的檐口的基层上喷涂处理剂，使卷材与基层粘接牢固。

3　檐口 800mm 范围内的卷材应采用满粘法。卷材收头应压入凹槽内，采用金属压条钉压，并用密封材料封口。应使用防水涂料多遍涂刷并用密封材料封压檐口 800mm 范围内的涂膜收头。

4　檐口端部应抹聚合物水泥砂浆，下端应做成鹰嘴和滴水槽。

3.5.2　檐沟和天沟

1　应清理檐沟和天沟基层表面，整修顺直。

2　应在天沟、檐沟的基层上喷涂处理剂，使卷材与基层粘接牢固。

3　天沟、檐沟与屋面交界处的沟内附加层宜空铺，空铺宽度不应小于 200mm。

4　檐沟和天沟使用卷材防水材料时，宜采用防水涂膜增强层。

5　卷材防水层由沟底翻上至外檐顶部的卷材收头应使用钢压条、水泥钉固定，并用密封材料封严。采用涂膜收头时，应使用防水涂料涂刷多遍。

6　檐沟、天沟的排水坡度应符合设计要求，沟内不得有渗漏、积水。

7　檐沟外侧顶部及侧面均应抹聚合物水泥砂浆，其下端应做成鹰嘴或滴水槽。

3.5.3　女儿墙和山墙

1　女儿墙和山墙的防水卷材应满粘。卷材收头应使用金属压条钉压固定，使用密封材料封严。

2　女儿墙和山墙的防水涂膜应直接涂刷至压顶下,涂膜收头应使用防水涂料涂刷多遍。

3　女儿墙和山墙的压檐板坡向屋面,排水坡度不应小于10%,应出挑至少60mm,压顶内侧下端应做成鹰嘴或滴水槽。

3.5.4　水落口

1　应在水落口周围的基层上喷涂处理剂,使卷材与基层粘接牢固。

2　应在水落口周边增加卷材防水层和柔性密封层,卷材应采用满粘法。

3　水落口杯与基层接触处应预留20mm×20mm的凹槽嵌填密封材料。

4　水落口应设在沟底的最低处,水落口处不得有渗漏、积水。

5　水落口周围500mm范围内坡度不应小于5%,水落口周围的附加层铺设应符合设计要求。

6　防水层及附加层应伸入水落口杯内至少50mm,并应粘接牢固。

3.5.5　变形缝

1　变形缝的泛水高度及附加层铺设应符合设计要求。

2　等高变形缝顶部宜加扣混凝土或金属盖板。混凝土盖板的接缝应使用密封材料封严,金属盖板应铺钉牢固,搭接缝应顺流水方向,应做好防锈处理。

3　高低跨间的变形缝在高跨墙面上的封盖材料采用防水卷材或金属盖板时,应使用金属压条钉压固定并使用密封材料封闭严实。

3.5.6　伸出屋面管道

1　应在管道根部500mm范围内坡向周围抹出高30mm的圆锥台砂浆找平层,以防管道根部积水。

2　应在管道与基层交界处预留20mm×20mm的凹槽,槽内用密封材料嵌填密实。

3　应在管道根部周围做防水附加增强层,宽度和高度均应不小于300mm。

4　防水层贴在管道上的高度应不小于300mm。附加层卷材应剪出切口,粘贴上、下层切缝时应错开并严密压盖。

5　应使用金属箍将附加层及卷材防水层收头处箍紧在管道上,使用密封材料封严。

6　应使用金属箍固定卷材防水层收头并使用密封材料封严,应使用防水涂料涂刷涂膜防水层收头多遍。

4 装饰装修工程

4.1 建筑地面

4.1.1 整体面层

1 建筑1m水平控制线应根据楼层高程控制点测放。

2 整体面层的粗集料最大粒径不应大于面层厚度的2/3,细石混凝土面层采用的石子粒径不应大于15mm。

3 冲筋和灰饼应采用细石混凝土。

4 整体面层与下一层的结合应牢固、无空鼓、无裂纹。

5 水泥砂浆踢脚线与墙面应紧密结合、高度一致,出墙厚度应均匀。

6 楼层梯段相邻踏步高差不应大于10mm,每踏步两端宽度差不应大于10mm;旋转楼梯梯段的各踏步两端宽度的偏差不应大于5mm。楼梯踏步的齿角应整齐,防滑条应顺直。

7 穿楼板的套管与管道之间的缝隙应使用阻燃密实材料和防水油膏填实。厨房卫生间地面管道边应做防水附加层。墙身阴阳角应做圆弧处理。

4.1.2 块料面层

1 混凝土基层的杂物应清理干净。可用錾子剔掉砂浆落地灰,用钢丝刷刷净浮浆层。

2 铺贴前,应将水平高程控制线标注在墙上。

3 各种面层所用的板块品种、质量应符合设计要求,表面应洁净、无裂纹、无掉角、无缺角等,外观应图案清晰、色泽一致,不得使用存在缺陷的瓷砖。

4 瓷砖使用前应在水中浸泡不少于2h。不得使用未浸泡的瓷砖,不得使用泡水后未晾干的瓷砖。

5 应检验每批进场陶瓷材料的色差,每批抽取数量应不少于10m²,不得有色差。

6 铺贴前应浇水浸透清理过的基层,刷水湿润墙面,撒素水泥浆并使用扫帚扫匀。

7 铺贴前应先抹灰饼,从房间一侧开始,每隔1m左右冲筋一道。有地漏的房间,应由四周向地漏方向放射状抹标筋并找坡度。冲筋应使用干硬性砂浆,厚度应不小于2cm。

8 铺贴时应从里向外倒退操作,应跟随标线铺贴每一块砖。块料施工应接缝平整、深浅一致、周边顺直。面层与下一层的结合(粘接)应牢固、无空鼓。严禁踩踏刚铺好的砖。

9 面层表面的坡度应符合设计要求,应不倒泛水、无积水。与地漏、管道结合处应严密、牢固、无渗漏。

10 踢脚板宜采用与地面块材同品种、同规格、同颜色的材料。踢脚板的立缝应与地面缝对齐,铺设时应在房间墙面两端头阴角处各镶一块砖。宜采用内嵌式(与墙平)踢脚线。

11 楼梯踏步的缝隙宽度应和台阶板块一致,齿角应整齐。楼层梯段相邻踏步高差不应大于10mm。防滑条应顺直。

4.1.3 大理石和花岗岩面层

1 面层所用板块品种、规格、级别、形状、光洁度、颜色和图案应符合设计要求。

2 铺贴前应进行技术交底,使施工人员了解和熟悉各部位尺寸和做法,掌握洞口、边角等施工部位之间的关系。

3 在正式铺设石材板块前,每一房间应根据图案颜色、纹理等试拼。

4 面层与基层应结合牢固、无空鼓。面层应挤靠严密、无缝隙。接缝应通直、无错缝。表面应平整洁净,图案应清晰、无划痕,周边应顺直方正。

5 每处独立空间的石板颜色宜和花纹一致,石材铺设方向宜与石材纹路方向匹配。石板擦缝应饱满且与石板齐平,整体应洁净、美观。

6 大理石、花岗石和碎排大理石地面应色泽一致、厚薄均匀、图纹清晰、表面洁净;应烫硬蜡、擦软蜡,蜡应分布均匀、不露底。

7 踢脚板应排列有序、挤靠严密、不显缝隙、表面洁净、颜色一致、结合牢固、出墙高度和厚度一致、上口平直。

8 地漏坡度应符合设计要求、不倒泛水、无积水。与地漏结合处应严密牢固、无渗漏(有坡度的面层应做泼水检验,并以能排出液体为合格)。

9 石材板块面层的允许偏差和推荐检验方法见表4.1.3。

石材板块面层的允许偏差和推荐检验方法　　　　表4.1.3

项　　目	允许偏差(mm)	推荐检验方法
表面平整度	1.0	用2m靠尺和楔形塞尺检查
缝格平直	2.0	拉5m线,用钢尺检查
接缝高差	0.5	用钢尺和楔形塞尺检查
踢脚线上口平直	1.0	拉5m线,用钢尺检查
板块间隙宽度	1.0	用钢尺检查

4.1.4 料石面层

1 应剔除有缺陷的料石,不得混杂使用品种不同的料石。

2 条石面层应组砌合理、无十字缝。铺砌方向和坡度应符合设计要求。块石面层石料缝隙应相互错开,通缝应不超过2块石材。

3 面层与下一层结合应牢固、无松动。

4 料石面层(条石、块石面层)的允许偏差和推荐检验方法见表4.1.4。

料石面层(条石、块石面层)的允许偏差和推荐检验方法　　表4.1.4

项目	条石面层(mm)	块石面层(mm)	推荐检验方法
表面平整度	10	10	用2m靠尺和楔形塞尺检查
缝格平直	8	8	拉5m线,用钢尺检查
板块间隙宽度	5	—	用钢尺检查
接缝高差	2	—	用钢尺和楔形塞尺检查

4.1.5 塑料板面层

1 塑料板面层所用的塑料板块和卷材的品种、规格、颜色、等级应符合设计要求及国家和行业现行有关标准的规定。

2 塑料板面层应表面洁净、图案清晰、色泽一致、连接严密、美观。拼缝处的图案、花纹应吻合、无胶痕,与墙边交界应严密,阴阳角收边应方正。

3 板块焊接的焊缝应平整、光洁,不应有焦化变色、斑点、焊瘤和起鳞等缺陷。偏差应不超过±0.6mm。焊接的抗拉强度不得小于塑料板强度的75%。

4 镶边用料应尺寸精确、边角整齐、拼接严密、接缝顺直。

5 塑料板地面允许偏差和推荐检验方法见表4.1.5。

塑料板地面允许偏差和推荐检验方法　　表4.1.5

项目	允许偏差(mm)	推荐检验方法
表面平整度	2.0	用2m靠尺和楔形塞尺检查
缝格平直	3.0	拉5m线,用钢尺检查
接缝高差	0.5	用钢尺和楔形塞尺检查
踢脚板上口平直	2.0	拉5m线,用钢尺检查
板块间隙宽度	—	用钢尺检查

4.1.6 中密度复合地板面层

1 中密度(强化)复合地板面层所用材料的技术等级、质量要求、面层图案和颜色应符合设计要求。图案应清晰,颜色应一致,板面应无翘曲。

2 木搁栅、垫木和毛地板等应做防腐、防蛀处理。

3 面层应接头错开、缝隙严密、表面清洁,踢脚线应表面光滑、缝隙严密、高度一致。

4 中密度复合地板的允许偏差和推荐检验方法见表4.1.6。

中密度复合地板的允许偏差和推荐检验方法　　　　表4.1.6

项　目	允许偏差(mm)			推荐检验方法
	木格栅	毛地板	中密度(强化)复合地板	
板面缝隙宽度	—	3.0	0.5	用钢尺检查
表面平整度	3.0	3.0	2.0	用2m靠尺和塞尺检查
踢脚线上口平直	—	—	3.0	拉5m线;不足5m时,拉通线,用钢尺检查
板面拼缝平直	—	3.0	3.0	拉5m线;不足5m时,拉通线,用钢尺检查
相邻板材高差	—	0.5	0.5	用钢尺和塞尺检查
踢脚线与面层接缝	—	—	1.0	用楔形塞尺检查

4.2 抹灰

4.2.1　一般抹灰

1　抹灰所用材料的品种和性能应符合设计要求及国家和行业现行有关标准的规定。

2　抹灰前应清除基层表面的尘土、污垢和油渍等,并应洒水润湿或进行界面处理。

3　抹灰前应在墙面喷界面处理剂。应在不同材料交界处铺设20mm×20mm网眼钢丝网,其搭接宽度应不小于100mm。钢丝网应采用射钉枪固定,射钉间距应为200mm,抹灰层厚度超过35mm时应增设一道钢丝。

4　抹灰层应无脱层、空鼓和裂缝。抹灰表面应光滑、洁净、颜色均匀、无抹纹,分格缝和灰线应清晰美观。各抹灰层之间、抹灰层与基体之间应粘接牢固。

5　护角、孔洞、槽、盒周围的抹灰表面应整齐、光滑,管道后面的抹灰表面应平整。

6　有排水要求的部位应做滴水线(槽)。滴水线(槽)应整齐顺直、内高外低。滴水槽宽度和深度均不应小于10mm。

7　墙面应分层抹灰,分层间隔不宜小于12h,不得连续不间断抹灰和找平。

8　一般抹灰的允许偏差和推荐检验方法见表4.2.1。

一般抹灰的允许偏差和推荐检验方法　　　　表 4.2.1

项　目	允许偏差(mm)		推荐检验方法
	普通抹灰	高级抹灰	
立面垂直度	4	3	用 2m 垂直检测尺检查
表面平整度	4	3	用 2m 靠尺和塞尺检查
阴阳角方正	4	3	用 200mm 直角检测尺检查
分格条(缝)直线度	4	3	拉 5m 线;不足 5m 时,拉通线,用钢直尺检查
墙裙、勒脚上口直线度	4	3	拉 5m 线;不足 5m 时拉通线,用钢直尺检查

4.2.2　其他抹灰

1　水刷石表面应石粒清晰、分布均匀、紧密平整、色泽一致、无掉粒、无接槎痕迹。

2　斩假石表面剁纹应均匀顺直、深浅一致、无漏剁。阳角处应横剁并留出宽窄一致的不剁边条,棱角应无损坏。

3　干粘石表面应色泽一致、不露浆、不漏粘。石粒应粘接牢固、分布均匀;阳角处应无明显黑边。

4　假面砖表面应平整、沟纹清晰、留缝整齐、色泽一致,不应有掉角、脱皮和起砂等缺陷。

5　装饰抹灰分格条(缝)的设置应符合设计要求。宽度和深度应均匀,表面应平整光滑,棱角应整齐。

4.3　外墙防水

4.3.1　外墙构造防水

1　建筑外墙构造节点的防水设计应包括门窗洞口、雨棚、阳台、变形缝、穿墙管道、女儿墙压顶、外墙预埋件、预制构件等。

2　外墙各构造层次之间应粘接牢固。宜进行界面处理,界面处理的材料、类别、施工方式应依据构造层次的材料确定。

3　不同结构材料的搭接处应做抗裂增强处理,处理方式可采用贴耐碱玻璃纤维网格布或经防腐处理的金属网片,每边的宽度应不小于 150mm。

4.3.2　外墙防水防护层

1　建筑外墙的防水防护层应设置在迎水面。

2　建筑外墙防水防护材料应根据工程所在地的环境和施工时的气象条件选取。

3　无外保温外墙的防水防护层设计应符合下列规定:

1)外墙采用涂料饰面时,防水层应设在找平层和涂料饰面层之间,防水层可采用普通防水砂浆。

2）外墙采用块材饰面时，防水层应设在找平层和块材粘接层之间，防水层宜采用普通防水砂浆。

3）外墙采用幕墙饰面时，防水层应设在找平层和幕墙饰面之间，防水层宜采用普通防水砂浆、聚合物防水砂浆、聚合物水泥防水涂料、聚合物乳液防水涂料、聚氨酯防水涂料或防水透气膜。

4.4 门窗

4.4.1 木门

1　木门的品种、类型、规格、尺寸、开启方向、安装位置、连接方式及性能应符合设计要求、国家和行业现行有关标准的规定。

2　木门应采用烘干的木材，木材含水率及饰面质量应符合国家和行业现行有关标准的规定。

3　木门的防火、防腐、防虫处理应符合设计要求。

4　安装木门框前，应检查门洞尺寸并处理不满足要求的洞口，不得先安装门框后处理洞口。

5　木门框应安装牢固。预埋木砖的防腐处理、木门窗框固定点的数量、位置和固定方法应符合设计要求。

6　木门扇应安装牢固、开关灵活、关闭严密、无倒翘。

7　木门配件的型号、规格和数量应符合设计要求，安装应牢固，位置应正确，功能应满足使用要求。

8　木门表面应洁净，不得有刨痕和锤印。

9　木门上的槽和孔应边缘整齐、无毛刺。

10　木门的割角和拼缝应严密平整，门窗框、扇裁口应顺直，刨面应平整。

11　木门与墙体间的缝隙应填嵌饱满。严寒和寒冷地区外门窗（或门窗框）与砌体间的空隙应填充保温材料。

12　木门批水、盖口条、压缝条和密封条应安装顺直、与门窗牢固、严密结合。

4.4.2 金属门窗

1　金属门窗的品种、类型、规格、尺寸、性能、开启方向、安装位置、连接方式及门窗的型材壁厚应符合设计要求、国家和行业现行有关标准的规定。金属门窗的防雷、防腐处理及填嵌、密封处理应符合设计要求。

2　金属门窗表面应洁净、平整、光滑、色泽一致，应无锈蚀、擦伤、划痕和碰伤，漆膜或保护层应连续。型材的表面处理应符合设计要求、国家和行业现行有关标准的规定。

3　金属门窗配件的型号、规格、数量应符合设计要求，安装应牢固，位置应正确，功能应满足使用要求。

4 安装金属门窗框前,应检查预留洞口并处理不满足要求的洞,不得先安装门窗框后处理洞口。

5 金属门窗框和附框应安装牢固。预埋件及锚固件的数量、位置、埋设方式同框的连接方式应符合设计要求。

6 金属门窗扇应安装牢固、开关灵活、关闭严密、无倒翘。推拉门窗扇应安装防止扇脱落的装置。

7 金属门窗框与墙体之间的缝隙应填嵌饱满并采用密封胶密封。密封胶表面应光滑、顺直、无裂纹。

8 金属门窗扇的密封胶条或密封毛条装配应平整、完好,不得脱槽,交角处应平顺。

9 排水孔应畅通,位置和数量应符合设计要求。

10 金属门窗安装的留缝限值、允许偏差和推荐检验方法见表4.4.2。

金属门窗安装的留缝限值、允许偏差和推荐检验方法 表4.4.2

项 目		留缝限值(mm)	允许偏差(mm)	推荐检验方法
门窗槽口宽度、高度	≤1500mm	—	2	用钢卷尺检查
	>1500mm	—	3	
门窗槽口对角线长度差	≤2000mm	—	3	用钢卷尺检查
	>2000mm	—	4	
门窗框的正、侧面垂直度		—	3	用1m垂直检测尺检查
门窗横框的水平度		—	3	用1m水平尺和塞尺检查
门窗横框高程		—	5	用钢卷尺检查
门窗竖向偏离中心		—	4	用钢卷尺检查

4.4.3 塑料门窗

1 塑料门窗的品种、类型、规格、尺寸、性能、开启方向、安装位置、连接方式、填嵌密封处理、内衬增强型钢的壁厚及设置应符合设计要求、国家和行业现行有关标准的规定。

2 塑料组合门窗使用的拼樘料截面尺寸、内衬增强型钢的形状和壁厚应符合设计要求。承受风荷载的拼樘料应采用可与其内腔紧密吻合的增强型钢作为内衬,其两端应与洞口固定牢固。窗框应与拼樘料连接紧密,固定点间距应不大于600mm。

3 门窗表面应洁净、平整、光滑,颜色应均匀一致。可视面应无划痕、碰伤等缺陷。门窗不得有焊角开裂和型材断裂等缺陷。

4 塑料门窗配件的型号、规格和数量应符合设计要求,安装应牢固,位置应正确,使用应灵活,功能应满足使用要求。平开窗扇高度大于900mm时,窗扇锁闭点应不少于2个。

5 塑料门窗框、附框和扇应安装牢固。固定片或膨胀螺栓的数量与位置应正确,连接方式应符合设计要求。固定点应距窗角、中横框、中竖框150~200mm,固定点间距应不大于600mm。

6 窗框与洞口之间的伸缩缝内部应采用聚氨酯发泡胶填充,发泡胶填充应均匀、密实。发泡胶成型后不宜切割。表面应采用密封胶密封。密封胶应粘接牢固,表面应光滑、顺直、无裂纹。

7 在门窗框外的发泡胶固化前,应使用手或工具将其压入缝隙中,不得在固化后用刀切割。

8 滑撑铰链应安装牢固。紧固螺钉应使用不锈钢材质。螺钉与框扇连接处应进行防水密封处理。

9 推拉门窗扇应安装防止扇脱落的装置。

10 门窗扇应关闭严密,开关应灵活。

11 排水孔应畅通,位置和数量应符合设计要求。

12 安装后的门窗关闭时,密封面上的密封条应处于压缩状态,密封层数应符合设计要求。密封条应连续完整,装配后应均匀、牢固,不应有脱槽、收缩和虚压等缺陷。密封条接口应严密,且应位于窗的上方。

13 塑料门窗安装的允许偏差和推荐检验方法见表4.4.3。

塑料门窗安装的允许偏差和推荐检验方法 表4.4.3

项 目		允许偏差(mm)	推荐检验方法
门窗框外形(高、宽)尺寸长度差	≤1500mm	2	用钢卷尺检查
	>1500mm	3	
门窗框两对角线长度差	≤2000mm	3	用钢卷尺检查
	>2000mm	5	
门窗框(含拼樘料)正、侧面垂直度		3	用1m垂直检测尺检查
门窗横框(含拼樘料)水平度		3	用1m水平尺检查

4.5 吊顶

4.5.1 整体面层吊顶

1 面层材料的材质、品种、规格、图案、颜色、性能,吊杆和龙骨的材质、规格,应符合设计要求、国家和行业现行有关标准的规定。

2 面层材料表面应洁净、色泽一致,不得有翘曲、裂缝及缺损。压条应平直、宽窄一致。

3 吊顶的高程、尺寸、起拱、造型,吊杆和龙骨的安装间距、连接方式,应符合设计要求。

4 吊杆、龙骨和面板应安装牢固。金属吊杆和龙骨应做表面防腐处理。木龙骨应做防腐、防火处理。

5 金属龙骨的接缝应均匀一致,角缝应吻合,表面应平整,应无翘曲和锤印。木质龙骨应顺直,应无劈裂和变形。

6 石膏板、水泥纤维板的接缝应按其施工工艺标准做板缝防裂处理。安装双层板时,面层板与基层板的接缝应错开,且不得在同一根龙骨上接缝。

7 面板上的灯具、烟感器、喷淋头、风口箅子和检修口等设备设施的安装位置应合理,安装完成面应美观,应与面板严密吻合。

8 吊顶内填充吸声材料的品种和铺设厚度应符合设计要求,应有防散落措施。

9 整体面层吊顶工程安装的允许偏差和推荐检验方法见表4.5.1。

整体面层吊顶工程安装的允许偏差和推荐检验方法　　表4.5.1

项　目	允许偏差(mm)	推荐检验方法
表面平整度	3	用2m靠尺和塞尺检查
缝格、凹槽直线度	3	拉5m线;不足5m时,拉通线,用钢直尺检查

4.5.2 板块面层吊顶

1 面层材料的材质、品种、规格、图案、颜色、性能,吊杆和龙骨的材质、规格,应符合设计要求、国家和行业现行有关标准的规定。

2 面层材料表面应洁净、色泽一致,不得有翘曲、裂缝及缺损。压条应平直、宽窄一致。

3 当面层材料为玻璃板时,应使用安全玻璃并采取可靠的安全措施。

4 吊顶的高程、尺寸、起拱、造型,吊杆及龙骨的安装间距、连接方式,应符合设计要求。

5 金属吊杆和龙骨应做表面防腐处理。木龙骨应做防腐、防火处理。

6 吊杆、龙骨、面板应安装牢固。面板与龙骨的搭接宽度应大于龙骨受力面宽度的2/3。

7 金属龙骨的接缝应平整、吻合、颜色一致,不得有划伤和擦伤等表面缺陷。木质龙骨应平整、顺直、无劈裂。

8 面板与龙骨的搭接应平整、吻合,压条应平直、宽窄一致。

9 面板上的灯具、烟感器、喷淋头、风口箅子和检修口等设备设施的安装位置应合理,安装完成面应美观,应与面板严密吻合。

10 吊顶内填充吸声材料的品种和铺设厚度应符合设计要求,应有防散落措施。

11 板块面层吊顶工程安装的允许偏差和推荐检验方法见表4.5.2。

板块面层吊顶工程安装的允许偏差和推荐检验方法　　表4.5.2

项　目	允许偏差(mm)				推荐检验方法
	石膏板	金属板	矿棉板	木板、塑料板、玻璃板、复合板	
表面平整度	3	2	3	2	用2m靠尺和塞尺检查
接缝直线度	3	2	3	3	拉5m线;不足5m时,拉通线,用钢直尺检查
接缝高差	1	1	2	1	用钢直尺和塞尺检查

4.5.3 格栅吊顶

1 格栅的材质、品种、规格、图案、颜色、性能,吊杆和龙骨的材质、规格,应符合设计要求、国家和行业现行有关标准的规定。

2 格栅表面应洁净、色泽一致,不得有翘曲、裂缝及缺损。栅条角度应一致,边缘应整齐,接口应无错位。压条应平直、宽窄一致。

3 吊顶的高程、尺寸、起拱、造型,吊杆及龙骨的安装间距、连接方式,应符合设计要求。

4 金属吊杆和龙骨应做表面防腐处理。木龙骨应做防腐、防火处理。

5 吊杆、龙骨、格栅应安装牢固。

6 金属龙骨的接缝应平整、吻合、颜色一致,不得有划伤和擦伤等表面缺陷。木质龙骨应平整、顺直、无劈裂。

7 灯具、烟感器、喷淋头、风口箅子和检修口等设备设施的安装位置应合理,安装完成面应美观,与格栅的套割交界处应严密吻合。

8 吊顶内填充吸声材料的品种和铺设厚度应符合设计要求,应有防散落措施。

9 格栅吊顶内楼板、管线设备等的表面处理应符合设计要求,吊顶内各种设备、管线的布置应合理、美观。

10 格栅吊顶工程安装的允许偏差和推荐检验方法见表4.5.3。

格栅吊顶工程安装的允许偏差和推荐检验方法　　　表4.5.3

项目	允许偏差(mm)		推荐检验方法
	金属格栅	木格栅、塑料格栅、复合材料格栅	
表面平整度	3	2	用2m靠尺和塞尺检查
格栅直线度	3	2	拉5m线;不足5m时,拉通线,用钢直尺检查

4.6 轻质隔墙

4.6.1 板材隔墙

1 隔墙板材的品种、规格、颜色和性能应符合设计要求。对于有隔声、隔热、阻燃和防潮等特殊要求的工程,板材应有相应性能等级的检验报告。

2 安装隔墙板材所需预埋件、连接件的位置、数量及连接方法应符合设计要求。

3 板材隔墙表面应光洁、平顺、色泽一致,接缝应均匀、顺直。

4 隔墙板材安装位置应正确,板材不应有裂缝或缺损,隔墙板材安装应牢固。

5 隔墙上的孔洞、槽、盒应位置正确、套割方正、边缘整齐。

6 板材隔墙安装的允许偏差和推荐检验方法见表4.6.1。

板材隔墙安装的允许偏差和推荐检验方法　　　　表 4.6.1

项　目	允许偏差(mm)				推荐检验方法
	复合轻质墙板		石膏空心板	增强水泥板、混凝土轻质板	
	金属夹心板	其他复合板			
立面垂直度	2	2	3	3	用2m垂直检测尺检查
表面平整度	2	3	3	3	用2m靠尺和塞尺检查
阴阳角方正	3	3	3	4	用200mm直角检测尺检查
接缝高差	1	2	2	3	用钢直尺和塞尺检查

4.6.2　骨架隔墙

1　轻钢龙骨隔墙所用龙骨、配件、墙面板、填充材料、嵌缝材料的品种、规格、性能以及木材的含水率应符合设计要求。对于有隔声、隔热、阻燃、防潮等特殊要求的工程,其材料应有相应性能等级的检测报告。

2　轻钢龙骨隔墙的龙骨间距和构造连接方法应符合设计要求。骨架内的设备管线、门窗洞口等部位的加强龙骨应安装牢固、位置正确,填充材料的设置应符合设计要求。

3　轻钢龙骨隔墙表面应平整光滑、色泽一致、洁净、无裂缝,接缝应均匀、顺直。

4　轻钢龙骨隔墙工程边框龙骨应与基体结构连接牢固,应平整、垂直、位置正确。

5　轻钢龙骨隔墙的墙面板应安装牢固,无脱层、翘曲、折裂及缺损。固定板面的铁件应做防锈处理。

6　墙面板所用接缝材料的接缝方法应符合设计要求。

7　轻钢龙骨隔墙上的空洞、槽、盒应位置正确、套割吻合、边缘整齐。

8　轻钢龙骨隔墙的填充材料应干燥,填充应密实、均匀、无下坠。

9　骨架隔墙的允许偏差和推荐检验方法见表4.6.2。

骨架隔墙允许偏差和推荐检验方法　　　　表 4.6.2

项　目	允许偏差(mm)		推荐检验方法
	纸面石膏板	人造木板、水泥纤维板	
立面垂直度	3	4	用2m垂直检测尺检查
表面平整度	3	3	用2m靠尺和塞尺检查
阴阳角方正	3	3	用200mm直角检测尺检查
接缝直线度	—	3	拉5m线;不足5m时,拉通线,用钢直尺检查

4.6.3　活动隔墙

1　活动隔墙所用墙板、配件等材料的品种、规格、性能和木材的含水率应符合设计要求。对于有阻燃、防潮等特殊要求的工程,其材料应有相应性能等级的检测报告。

2　活动隔墙制作方法、组合方式应符合设计要求。

3　活动隔墙表面应色泽一致、平整光滑、洁净,线条应顺直、清晰。

4　活动隔墙用于组装、推拉和制动的构配件应安装牢固、位置正确,推拉应安全、平稳、灵活。

5 活动隔墙轨道应与基体结构连接牢固、位置正确。

6 活动隔墙上的孔洞、槽、盒应位置正确、套割吻合、边缘整齐。

7 活动隔墙推拉应无噪声。

8 活动隔墙安装的允许偏差和推荐检验方法见表4.6.3。

活动隔墙安装的允许偏差和推荐检验方法 表4.6.3

项　目	允许偏差（mm）	推荐检验方法
立面垂直度	3	用2m垂直检测尺检查
表面平整度	2	用2m靠尺和塞尺检查
接缝直线度	3	拉5m线；不足5m时，拉通线，用钢直尺检查
接缝高差	2	用钢直尺和塞尺检查
接缝宽度	2	用钢直尺检查

4.6.4 玻璃隔墙

1 玻璃隔墙工程所用材料的品种、规格、图案、颜色和性能应符合设计要求。玻璃板隔墙应使用安全玻璃。

2 玻璃板安装及玻璃砖砌筑方法应符合设计要求。

3 玻璃隔墙表面应色泽一致、平整洁净、清晰美观。

4 玻璃隔墙接缝应横平竖直，玻璃应无裂痕、缺损和划痕。

5 有框玻璃板隔墙的受力杆件应与基体结构连接牢固，玻璃板橡胶垫的安装位置应正确。玻璃板应牢固安装、受力均匀。

6 无框玻璃板隔墙的受力爪件应与基体结构牢固连接，爪件的数量、位置应正确，爪件与玻璃板的连接应牢固。

7 玻璃门与玻璃墙板的连接、地弹簧的安装位置应符合设计要求。

8 砌筑玻璃砖隔墙时埋设的拉结筋应与基体结构牢固连接，数量、位置应正确。

9 玻璃板隔墙嵌缝及玻璃砖隔墙勾缝应密实平整、均匀顺直、深浅一致。

10 玻璃隔墙安装的允许偏差和推荐检验方法见表4.6.4。

玻璃隔墙安装的允许偏差和推荐检验方法 表4.6.4

项　目	允许偏差（mm）		推荐检验方法
	玻璃板	玻璃砖	
立面垂直度	2	3	用2m垂直检测尺检查
表面平整度	—	3	用2m靠尺和塞尺检查
阴阳角方正	2	—	用200mm直角检测尺检查
接缝直线度	2	—	拉5m线；不足5m时，拉通线，用钢直尺检查
接缝高差	2	3	用钢直尺和塞尺检查
接缝宽度	1	—	用钢直尺检查

4.6.5 饰面板

1 板材的品种、规格、颜色和性能应符合设计要求、国家和行业现行有关标准的规定。

2 为了防止墙面的潮气使夹板产生翘曲,墙面应采取防潮措施。

3 石板孔、槽的数量、位置和尺寸应符合设计要求。

4 石板表面应平整、洁净、色泽一致,不应有裂痕、缺损、泛碱等缺陷。

5 石板安装工程的预埋件(或后置埋件)、连接件的材质、数量、规格、位置、连接方法和防腐处理应符合设计要求,后置埋件的现场拉拔力应符合设计要求,石板安装应牢固。

6 石板与基层之间的黏结料应饱满、无空鼓。石板应粘接牢固。

7 石板填缝应密实、平直,宽度和深度应符合设计要求,填缝材料色泽应一致。

8 采用湿作业法施工的石板安装工程,石板应做防碱封闭处理。石板与基体之间的灌注材料应饱满、密实。

9 石板上的孔洞应套割吻合,边缘应整齐。

10 金属板安装工程的龙骨、连接件的材质、数量、规格、位置、连接方法和防腐处理应符合设计要求。金属板安装应牢固。

11 金属板表面应平整、洁净、色泽一致。

12 金属板的防雷装置应与主体结构防雷装置可靠接通。

13 金属板接缝应平直,宽度应符合设计要求。

14 金属板上的孔洞应套割吻合,边缘应整齐。

15 塑料板安装工程的龙骨、连接件的材质、数量、规格、位置、连接方法和防腐处理应符合设计要求。塑料板安装应牢固。

16 塑料板表面应平整、洁净、色泽一致、无缺损。

17 塑料板接缝应平直,宽度应符合设计要求。

18 塑料板上的孔洞应套割吻合,边缘应整齐。

19 各类饰面板安装的允许偏差和推荐检验方法见表4.6.5-1~表4.6.5-3。

石板安装的允许偏差和推荐检验方法　　　　表4.6.5-1

项目	允许偏差(mm)			推荐检验方法
	光面	剁斧石	蘑菇石	
立面垂直度	2	3	3	用2m垂直检测尺检查
表面平整度	2	3	—	用2m靠尺和塞尺检查
阴阳角方正	2	4	4	用200mm直角检测尺检查
接缝直线度	2	4	4	拉5m线;不足5m时,拉通线,用钢直尺检查
墙裙、勒脚上口直线度	2	3	3	
接缝高差	1	3	—	用钢直尺和塞尺检查
接缝宽度	1	2	2	用钢直尺检查

金属板安装的允许偏差和推荐检验方法 表4.6.5-2

项　目	允许偏差(mm)	推荐检验方法
立面垂直度	2	用2m垂直检测尺检查
表面平整度	3	用2m靠尺和塞尺检查
阴阳角方正	3	用200mm直角检测尺检查
接缝直线度	2	拉5m线；不足5m时，拉通线，用钢直尺检查
墙裙、勒脚上口直线度	2	用钢直尺检查
接缝高差	1	用钢直尺和塞尺检查
接缝宽度	1	用钢直尺检查

塑料板安装的允许偏差和推荐检验方法 表4.6.5-3

项　目	允许偏差(mm)	推荐检验方法
立面垂直度	2	用2m垂直检测尺检查
表面平整度	3	用2m靠尺和塞尺检查
阴阳角方正	3	用200mm直角检测尺检查
接缝直线度	2	拉5m线；不足5m时，拉通线，用钢直尺检查
墙裙、勒脚上口直线度	2	用钢直尺检查
接缝高差	1	用钢直尺和塞尺检查
接缝宽度	1	用钢直尺检查

4.7 饰面砖

4.7.1 面砖材料

1 饰面砖的品种、规格、图案、颜色和性能应符合设计要求、国家和行业现行有关标准的规定。

2 饰面砖粘贴工程的找平、防水、粘接、填缝材料和施工方法应符合设计要求、国家和行业现行有关标准的规定。

3 饰面砖应纹路一致、厚薄均匀、无裂缝、无翘角、无缺角。

4.7.2 镶贴面砖

1 饰面砖镶贴前应放入净水中浸泡2h以上，取出后待表面晾干或擦干净方可使用。

2 饰面砖粘贴应牢固、无空鼓。接缝应平直、光滑，填嵌应连续、密实。接缝的宽度和深度应符合设计要求。

3 饰面砖粘贴工程的伸缩缝设置应符合设计要求。

4 墙面凸出物周围的外墙饰面砖应整砖套割吻合、边缘整齐。墙裙、贴脸突出墙面的厚度应一致。

5 有排水要求的檐口部位应做滴水线(槽),滴水线(槽)应顺直,流水坡向应正确,坡度应符合设计要求。

6 饰面砖粘贴的允许偏差和推荐检验方法见表4.7.2-1和表4.7.2-2。

外墙饰面砖粘贴的允许偏差和推荐检验方法　　表4.7.2-1

项　目	允许偏差(mm)	推荐检验方法
立面垂直度	3	用2m垂直检测尺检查
表面平整度	4	用2m靠尺和塞尺检查
阴阳角方正	3	用200mm直角检测尺检查
接缝直线度	3	拉5m线;不足5m时,拉通线,用钢直尺检查
接缝高差	1	用钢直尺和塞尺检查
接缝宽度	1	用钢直尺检查

内墙饰面砖粘贴的允许偏差和推荐检验方法　　表4.7.2-2

项　目	允许偏差(mm)	推荐检验方法
立面垂直度	2	用2m垂直检测尺检查
表面平整度	3	用2m靠尺和塞尺检查
阴阳角方正	3	用200mm直角检测尺检查
接缝直线度	2	拉5m线;不足5m时,拉通线,用钢直尺检查
接缝高差	1	用钢直尺和塞尺检查
接缝宽度	1	用钢直尺检查

4.8　玻璃幕墙

4.8.1　幕墙材料

1 幕墙材料应有出厂合格证、试验、检验报告。应抽检幕墙材料,检查其品种、规格、图案、颜色和性能是否满足设计要求。幕墙玻璃应使用安全玻璃。

2 玻璃表面应色泽一致、平整洁净、清晰美观,应无裂痕、缺损和划痕。

4.8.2　幕墙安装

1 有框玻璃幕墙的受力杆件应与基体结构连接牢固,玻璃橡胶垫的安装位置应正确。玻璃应牢固安装、受力均匀。

2 无框玻璃幕墙的受力爪件应与基体结构牢固连接,爪件的数量、位置应正确,爪件与玻璃的连接应牢固。
3 玻璃幕墙的预埋件应与基体结构牢固连接,数量、位置应正确。
4 玻璃接缝应横平竖直。玻璃与玻璃之间的勾缝应密实平整、均匀顺直、深浅一致。
5 幕墙的防雷接地应满足设计要求。

4.9 涂饰

4.9.1 水性涂料涂饰
1 水性涂料涂饰工程所用涂料的品种、型号和性能应符合设计要求、国家和行业现行有关标准的规定。
2 水性涂料涂饰的颜色、光泽、图案应符合设计要求。
3 刮腻子之前,应在混凝土墙面上先喷、刷一道胶水(质量配合比为水:乳液=5:1),喷、刷应均匀、无遗漏。
4 基层腻子应平整、坚实、牢固,不应粉化、起皮和裂缝。
5 厨房、卫生间墙面应使用耐水腻子。
6 不得使用白水泥、滑石粉与107胶现场调制的腻子。
7 水性涂料涂饰工程的基层处理应符合国家和行业现行有关标准以及设计图纸的规定。
8 水性涂料涂饰工程应涂饰均匀、粘接牢固,不得漏涂、透底、开裂、起皮和掉粉。
9 在混凝土或抹灰基层上涂刷乳液型涂料时,含水率不得大于10%。
10 水性涂料的涂饰质量和推荐检验方法见表4.9.1。

水性涂料的涂饰质量和推荐检验方法 表4.9.1

项　目	普 通 涂 饰	高 级 涂 饰	推荐检验方法
颜色	均匀一致	均匀一致	观察
光泽、光滑	光泽基本均匀,光滑	光泽均匀一致,光滑	
泛碱、咬色	允许少量轻微泛碱、咬色	不允许	
流坠、疙瘩	允许少量轻微流坠、疙瘩	不允许	
砂眼、刷纹	允许少量轻微砂眼,刷纹通顺	无砂眼,无刷纹	

4.9.2 溶剂型涂料涂饰
1 溶剂型涂料涂饰工程所选用涂料的品种、型号和性能应符合设计要求、国家和行业现行有关标准的规定。
2 溶剂型涂料涂饰以及设计要求的颜色、光泽、图案应符合设计要求。
3 溶剂型涂料涂饰工程应涂饰均匀、粘接牢固,不得漏涂、透底、开裂、起皮和反锈。
4 溶剂型涂料涂饰工程的基层处理应符合国家和行业现行有关标准的规定。
5 刷涂料前应清理周围环境,防止尘土飞扬影响涂饰质量。

6 使用涂料后应及时封闭存放。应及时将废料清出室内。施工时应保持良好通风。

7 溶剂型涂料的涂饰质量和推荐检验方法见表4.9.2。

溶剂型涂料的涂饰质量和推荐检验方法　　　表4.9.2

项 目	允许偏差(mm)				推荐检验方法
	色漆		清漆		
	普通涂饰	高级涂饰			
立面垂直度	4	3	3	2	用2m垂直检测尺检查
表面平整度	4	3	3	2	用2m靠尺和塞尺检查
阴阳角方正	4	3	3	2	用200mm直角检测尺检查
装饰线、分色线、直线度	2	1	2	1	拉5m线;不足5m时,拉通线,用钢直尺检查
墙裙、勒脚上口直线度	2	1	2	1	拉5m线;不足5m时,拉通线,用钢直尺检查

4.10 裱糊与软包

4.10.1 裱糊工程

1 裱糊面材应选用同批次,一次备足,避免因用不同批次的材料产生色差,影响同一空间的装饰效果。

2 胶粘剂、嵌缝腻子等的质量应满足设计要求、国家和行业现行有关标准的规定,并满足防火和环保要求。

3 裱糊面材前,其作业区域应已基本完成施工作业,且经检查符合设计要求。

4 新的混凝土墙面或抹灰基层墙面在刮腻子前应涂刷抗碱封闭底漆。

5 在裱糊旧墙面前,应清除疏松的旧装修层并刷涂界面剂。

6 裱糊面材时,水泥砂浆找平层应已抹完,经干燥后含水率应不大于8%,木材基层含水率应不大于12%。

4.10.2 软包工程

1 作业区域应已基本完成施工作业,且经检查符合设计要求。

2 工厂加工成型的软包半成品应符合设计要求及防火规定。

3 龙骨可用轻钢龙骨。采用实木材料时,含水率应不大于12%,厚度应满足设计要求,不得有腐朽、节疤、劈裂、扭曲等疵病,应预先经过防腐处理。龙骨、衬板、边框应安装牢固、无翘曲、拼缝平直。

4 基层应牢固,垂直度、平整度应符合现行《建筑装饰装修工程质量验收标准》(GB 50210)的规定。

5 外饰面用的压条分格框料和木贴脸等面料可采用工厂经烘干加工的半成品料,含水率应不大于12%。

4.11 装饰装修细部

4.11.1 窗帘盒与窗台板

1 窗帘盒和窗台板制作与安装所使用材料的材质、规格、性能、有害物质限量、木材的燃烧性能等级和含水率应符合设计要求、国家和行业现行有关标准的规定。

2 窗帘盒和窗台板表面应平整、洁净、线条顺直、接缝严密、色泽一致,不得有裂缝、翘曲及损坏。

3 窗帘盒和窗台板的造型、规格、尺寸、安装位置和固定方法应符合设计要求。窗帘盒和窗台板应牢固安装。

4 窗帘盒和窗台板与墙、窗框的衔接应严密,密封胶缝应顺直、光滑。

5 窗帘盒和窗台板安装的允许偏差和推荐检验方法见表4.11.1。

窗帘盒和窗台板安装的允许偏差和推荐检验方法 表4.11.1

项 目	允许偏差(mm)	推荐检验方法
水平度	2	用1m水平检测尺和塞尺检查
上口、下口直线度	3	拉5m线;不足5m时,拉通线,用钢直尺检查
两端距窗洞口长度差	2	用钢直尺检查
两端出墙厚度差	3	用钢直尺检查

4.11.2 门窗套

1 门窗套制作与安装所使用材料的材质、规格、花纹、颜色、性能、有害物质限量、木材的燃烧性能等级和含水率应符合设计要求、国家和行业现行有关标准的规定。

2 门窗套表面应平整、洁净、线条顺直、接缝严密、色泽一致,不得有裂缝、翘曲及损坏。

3 门窗套的造型、尺寸和固定方法应符合设计要求,安装应牢固。

4 门窗套安装的允许偏差和推荐检验方法见表4.11.2。

门窗套安装的允许偏差和推荐检验方法 表4.11.2

项 目	允许偏差(mm)	推荐检验方法
正、侧面垂直度	3	用1m垂直检测尺检查
门窗套上口水平度	1	用1m水平检测尺和塞尺检查
门窗套上口直线度	3	拉5m线;不足5m时,拉通线,用钢直尺检查

4.11.3 护栏和扶手

1 护栏和扶手的造型、尺寸、安装位置应符合设计要求、国家和行业现行有关标准的规定。

2 护栏和扶手制作与安装所使用材料的材质、规格、数量、木材和塑料的燃烧性能等级应符合设计要求。

3 护栏和扶手安装预埋件的数量、规格、位置以及护栏与预埋件的连接节点应符合设计要求。

4 护栏高度、栏杆间距、安装位置应符合设计要求。护栏安装应牢固。

5 护栏和扶手转角弧度应符合设计要求,接缝应严密,表面应光滑,色泽应一致,不得有裂缝、翘曲及损坏。

6 护栏和扶手安装的允许偏差和推荐检验方法见表4.11.3。

护栏和扶手安装的允许偏差和推荐检验方法　　表4.11.3

项　目	允许偏差(mm)	推荐检验方法
护栏垂直度	3	用1m垂直检测尺检查
栏杆间距	0,-6	用钢尺检查
扶手直线度	4	拉通线,用钢尺检查
扶手高度	+6,0	用钢尺检查

4.11.4 花饰

1 花饰的造型、尺寸应符合设计要求。

2 花饰制作与安装所使用材料的材质、规格、性能、有害物质限量、木材的燃烧性能等级和含水率应符合设计要求、国家和行业现行有关标准的规定。

3 花饰的安装位置和固定方法应符合设计要求,安装应牢固。

4 花饰表面应洁净,接缝应严密吻合,不得有歪斜、裂缝、翘曲及损坏。

5 花饰安装的允许偏差和推荐检验方法见表4.11.4。

花饰安装的允许偏差和推荐检验方法　　表4.11.4

项　目		允许偏差(mm)		推荐检验方法
		室内	室外	
条形花饰的水平度或垂直度	每米	1	3	拉线,用1m垂直检测尺检查
	全长	3	6	
单独花饰中心位置偏移		10	15	拉线,用钢直尺检查

4.11.5 防水房间建混凝土坎台

1 在浇筑厨房、卫生间、浴室等处混凝土楼(地)面时,应同时浇筑厨房、卫生间、浴室等处的墙底部混凝土坎台,其高度应至少高出建筑地面150mm。

2 混凝土坎台应浇筑密实,强度应符合现行《砌体结构工程施工质量验收规范》(GB 50203)的规定。

3 坎台混凝土表面应无蜂窝麻面等质量缺陷。

4 卫生间未完成闭水检验前不得进行下道工序。

4.11.6 防水房间涂膜防水

1 防水材料进场时应提供出厂合格证、检测报告。监理工程师应组织验收防水材料,防水材料的性能应符合国家和行业现行有关标准的规定。

2 防水工程的施工方法应符合国家和行业现行有关标准的规定。

3 防水层的平均厚度应符合设计要求,最小厚度不应小于设计厚度的95%。

4 防水层的基层表面应平整,不得有松动、空鼓、起沙、开裂等缺陷。与基层连接的各类管道、地漏、预埋件、设备支座等应牢固安装。

5 保护层水泥砂浆厚度、强度应符合设计要求,操作时不得破坏防水层,应根据设计要求做好地面泛水坡度,不得有积水、倒坡。

6 防水砂浆的配合比应符合设计或产品的要求。防水层与基层应牢固结合。阴阳角应做成圆弧形。

7 厨房、厕浴间防水层施工完成后应做24h蓄水试验,确认无渗漏再做保护层和面层。饰面层和设备施工完成后,应再做24h蓄水试验,达到无渗漏和排水畅通为合格,合格后可进行正式验收。墙面的间歇淋水试验应满足30min以上不渗漏。

5 给排水工程

5.1 室内给水系统

5.1.1 给水管道及配件安装

1 生活给水系统涉及的材料应符合饮用水卫生标准。

2 生活给水系统管道在交付使用前应完成冲洗和消毒,经有关部门取样检验,符合现行《生活饮用水卫生标准》(GB 5749)的规定后方可使用。

3 给水系统交付使用前应进行通水试验并做记录。

4 为便于检修,管道井应每层设检修设施,每两层间应有横向隔断,检修门宜开向走廊。暗设在顶棚或管槽内的阀门处应留有检修门。对于需要检修的管道井,其通道宽度不宜小于0.6m。

5 室内管道安装位置应有足够的空间利于拆换附件。

6 给水管道的位置不得妨碍生产操作、交通运输和建筑物的使用。管道不得布置在遇水会引起燃烧、爆炸或损坏的原料、产品和设备上面,不应铺设在生产设备上面。

7 给水管道不得敷设在烟道、风道内。生活给水管道不得敷设在排水沟内。管道不宜穿过橱窗、壁柜、木装修,不得穿过大便槽和小便槽。给水立管距小便槽端部不大于0.5m时,应采取建筑隔断措施。

8 塑料给水管道不得布置在灶台上边缘。塑料给水立管明敷时,其管道外边距灶边不得小于0.4m,距燃气热水器边缘不得小于0.2m,否则应采取保护措施。塑料热水管道不得与水加热器或热水炉直接连接,应有不小于0.4m的过渡段。

9 给水管道穿越地下室或地下构筑物外墙时应采取防水措施。管道穿越有严格防水要求的建筑物时,应设置柔性防水套管。

10 给水管道穿过墙壁和楼板时,应设置金属塑料套管。安装在楼板内的套管的顶部应高出地面装饰层20mm;安装在卫生间及厨房的套管的顶部应高出地面装饰层50mm,底部应与楼板底面相平;安装在墙体内的套管两端应与墙体饰面层相平,套管直径宜比管道直径大两个规格。

11 给水管道不宜穿过伸缩缝、沉降缝和抗震缝。管道穿过结构伸缩缝、抗震缝和沉降缝时,应采取保护措施。

12 给水立管和装有3个或以上配水点的支管开始端应安装可拆卸的连接件。

13 室内给水管道的水压试验应符合设计要求。当设计未注明时,各种材质的给水管道系统试验压力均为工作压力的1.5倍,且不得小于0.6MPa。

14 室内直埋给水管道(塑料管道和复合管道除外)应做防腐处理。埋地管道防腐层材质和结构应符合设计要求。

15 管道焊缝的外形尺寸、工艺应符合图纸和相关文件的规定。焊缝高度不得低于母材表面。焊缝与母材应圆滑过渡。焊缝及热影响区表面不应有裂纹、未熔合、未焊透、夹渣、弧坑和气孔等缺陷。

16 应在便于检修、不受暴晒、污染和冻结的地方安装水表。螺翼式水表前端与阀门应有不小于8倍水表接口直径的直线管段。水表外壳距墙体表面净距应为10~30mm;水表进水口中心高程应符合设计要求,允许偏差为±10mm。

5.1.2 室内消防系统

1 应在室内消火栓系统安装完成后取屋顶层(或水箱间内)试验消火栓和首层2处消火栓做试射试验,达到设计要求为合格。

2 安装箱体前,应复核暗装消火栓箱预留洞口的位置、尺寸等。

3 安装箱式消火栓应符合下列规定:

1)栓口朝外,且安装在非门轴侧。

2)栓口中心距地面高度为1.1m,允许偏差为±20mm。

3)阀门中心距箱体侧面140mm,距箱体背板内表面100mm,允许偏差为±5mm。

4)消火栓箱体安装的垂直度允许偏差为±3mm。

5.1.3 给水设备安装

1 给水设备安装完毕后,应按照设备说明书的规定进行动力测试。设备试运转试验的轴承温升应符合设备说明书的规定。给水设备应在无负荷试验正常后进行带负荷运行。应做试运行记录并经监理工程师签字。

2 安装水泵前,应复核设备基础的混凝土强度、坐标、高程、尺寸和螺栓孔位置等,符合设计规定后才可安装水泵。

3 立式水泵的减振装置不应采用弹簧减振器。

4 水箱应先做不少于24h的满水静置试验,符合试验要求后再做水压试验,压力应在不少于10min的试验压力下不降低,应不渗不漏。水压试验应符合设计要求、国家和行业现行有关标准的规定。

5 水箱溢流管和泄放管应设置在排水地点附近,但不得与排水管直接连接。

5.2 室内排水系统

5.2.1 排水管道及配件安装

1 隐蔽或埋地的排水管道在隐蔽前应做灌水试验,灌水高度应不低于底层卫生器具的上边缘或底层地面高度。

2 生活污水塑料管道的坡度应符合设计要求、国家和行业现行有关标准的规定。

3 排水塑料管应按设计要求装设伸缩节。如果设计无要求,伸缩节间距不得大于4m。

4 高层建筑中的明设排水塑料管道应按设计要求设置阻火圈或防火套管。

5 排水主立管和水平干管管道均应做通球试验,通球球径应不小于排水管道管径的2/3,通球率应达到100%。

6 对于在生活污水管道上设置的检查口或清扫口,无设计要求时应符合下列规定:

1)立管上应每隔1层设置1个检查口,最底层和有卫生器具的最高层均应设置检查口。双层建筑可仅在底层设置立管检查口。有乙字弯管时,应在该层乙字弯管的上部设置检查口。检查口中心高度距操作地面宜为1m,偏差应不超过±20mm。检查口的朝向应便于检修。暗装立管应在检查口处安装检修门。

2)应在连接不少于2个大便器或不少于3个卫生器具的污水横管上设置清扫口。污水管在楼板下悬吊敷设时,清扫口可设在上一层楼地面上。污水管起点的清扫口与同管道垂直的墙面的距离不得小于200mm。污水管起点设置堵头代替清扫口时,与墙面的距离不得小于400mm。应在转角小于135°的污水横管上设置检查口或清扫口。应按设计要求的距离在污水横管的直线管段设置检查口或清扫口。

3)埋在地下或地板下的排水管道的检查口应设在检查井内。井底表面高程应与检查口的法兰相平。井底表面应有5%坡度且坡向检查口。

7 金属排水管道上的吊钩或卡箍应固定在承重结构上。横管的固定件间距应不大于2m,立管的固定件间距应不大于3m。楼层高度不大于4m时,立管可安装1个固定件。应在立管底部的弯管处设支墩或采取固定措施。

8 排水通气管不得与风道或烟道连接,且应符合下列规定:

1)在经常有人停留的平屋顶上,通气管应高出屋面2m,应根据防雷要求设置防雷装置。

2)在不上人的屋顶上,通气管应高出屋面300mm且大于最大积雪厚度。

3)在通气管出口4m以内有门窗时,通气管应高出门、窗顶600mm或引向无门窗一侧。

4)屋顶有隔热层时,通气管高度应从隔热层板面算起。

9 自饮食工艺设备引出的排水管和饮用水水箱的溢流管,不得与污水管道直接连接,应留出不小于100mm的隔断空间。

10 通向室外的排水管穿过墙壁或基础必须下返时,应采用45°弯头连接,并应在垂直管段顶部设置清扫口。

11 排水管由室内通向室外时,排水检查井内引入管应高于排出管或两管顶相平;应有不小于90°的水流转角,如果跌落差大于300mm可不受角度限制。

12 安装室内管道时,应合理选择管道连接件的连接位置、数量和型号,确保连接稳固、管道通畅、易于检修。

5.2.2 雨水管道及配件

1 安装在室内的雨水管道在安装后应做灌水试验,灌水高度应不低于每根立管上部的雨水斗。

2 如果雨水管道采用塑料管,其伸缩节安装应符合设计要求。

3 悬吊式雨水管道的敷设坡度不得小于5‰。

4 雨水管道不得与生活污水管道相连接。

5 雨水斗应固定在屋面承重结构上。雨水斗边缘与屋面相连处应严密、不漏。无设计要求时,连接管的管径不得小于100mm。

5.3 室内热水系统

5.3.1 管道及配件安装

1 应在热水供应系统安装完毕、管道保温前进行水压试验。试验压力应符合设计要求。当设计未注明要求时,热水供应系统水压试验的压力应比系统顶点的工作压力高0.1MPa,系统顶点的试验压力应不小于0.3MPa。

2 宜利用自然弯补偿热水供应管道热伸缩。直线段过长时应设置补偿器。补偿器的形式、规格、位置应符合设计要求;补偿器应按有关规定进行预拉伸。

3 温度控制器、阀门应安装在便于观察和维护的位置。

5.3.2 辅助设备安装

1 安装太阳能集热器玻璃前,应对集热排管和上、下集管做水压试验,试验压力应为工作压力的1.5倍。

2 应对热交换器以工作压力的1.5倍做水压试验。蒸汽部分应高出蒸汽供汽压力至少0.3MPa;热水部分应高出蒸汽供汽压力至少0.4MPa。

3 安装水泵前,应复核设备基础的混凝土强度、坐标、高程、尺寸和螺栓孔位置等,符合设计规定后才可安装水泵。

4 水泵试运转的轴承温升应符合设备说明书的规定。

5 敞口水箱的满水试验和密闭水箱(罐)的水压试验必须符合设计要求与现行《建筑给水排水及采暖工程施工质量验收规范》(GB 50242)的规定。

6 固定式太阳能热水器应朝向正南安装。受条件限制时,其偏移角不得大于15°。集热器的倾角应满足:在春、夏、秋三个季节使用的,倾角与当地纬度一致;主要在夏季使用的,倾角可比当地纬度小10°。

7 由集热器上、下集管接往热水箱的循环管道应有不小于5‰的坡度。

8 自然循环的热水箱底部与集热器上集管之间的距离应为 0.3~1.0m。

9 吸热钢板凹槽的圆度应准确,间距应一致。

10 太阳能热水器的最低处应安装泄水装置。

11 热水箱及上、下集管等循环管道均应采取保温措施。

12 以水作介质的太阳能热水器在最低气温低于0℃地区使用时,应采取防冻措施。

5.3.3 试验与调试

1 试验压力应符合设计要求。当设计未注明要求时,热水供应系统水压试验压力应比系统顶点的工作压力高 0.1MPa,系统顶点试验压力应不小于 0.3MPa。

2 钢管或复合管道系统在试验压力下 10min 内压力下降值应不大于 0.02MPa;之后降至工作压力检查,压力应不降,且不渗不漏。塑料管道系统在试验压力下稳压 1h,压力下降值应不大于 0.05MPa;之后在 1.15 倍工作压力下稳压 2h,压力下降值应不大于 0.03MPa,连接处不得渗漏。

3 应在热水供应系统调试前冲洗热水供水、回水及凝结水,清除管道内的焊渣、锈屑等杂物,可在管道压力试验合格后进行。

4 热水供应系统调试前,应拆除阻碍水流流通的调节阀、减压阀及其他可能损坏的温度计等仪表,冲洗合格后重新安装。如果管道分支较多、末端截面较小,可将干管中的阀门拆掉 1~2 个并分段清洗;如果分支管道不多,可将排水管从管道末端接出,排水管截面面积不应小于被冲洗管道截面面积的 60%。排水管应接至排水井或排水沟,保证排泄和安全。应以系统可能达到的最大压力和流量冲洗,按设计要求同时开启最大数量的配水点,所有配水点均放出洁净水后即为合格。

5 辅助设备单机调试水箱试水应合格。所有水系统的单机设备应试运转 2h 且合格。热水锅炉、热水器调试应合格。

6 按照设计要求安装完全部系统、工序检验合格后,应全面、有效地进行各项调试工作。应制订调试人员分工处理紧急情况的各项措施,应备好修理、排水、通信及照明等器具。

7 向系统内充热水时应打开系统最高高程位置的放气阀门,并反复开闭至系统中冷空气排净为止。应在充水前关闭入户的总供水阀门,开启循环管和总回水管的阀门,由回水总干管送热水,以利系统排除空气。应在系统的最高高程设施(管道或设备)充满水后打开总供水阀,关闭循环管阀门,使系统正常循环。

5.4 卫生器具安装

5.4.1 卫生器具安装

1 安装卫生器具前,应完成与卫生器具连接的所有管道的强度严密性试验、排水管道灌水试验,并完成预检和隐检;应完成墙地面装修、隔断安装,应完成有防水要求房间的防水施工。

2 安装卫生器具前,应检查、验收、清洗。所有器具外表面应光滑、边缘无棱角毛刺、无裂纹、色调一致;卫生器具的配件应与卫生器具配套,应规格标准、外表光滑、螺纹清晰、电镀均匀、锁母松紧适度、无砂眼裂纹等缺陷。部分卫生器具应先预制再安装。

3 排水栓和地漏应安装平整、牢固,应低于排水表面,周边应无渗漏。地漏水封高度不得小于50mm。

4 卫生器具交工前应做满水和通水试验。

5 有饰面的浴盆应留有通向浴盆排水口的检修门。

6 小便槽冲洗管应采用镀锌钢管或硬质塑料管。冲洗孔应斜向下方,冲洗水流应向墙面成45°角。镀锌钢管钻孔后应进行二次镀锌。

7 卫生器具的支、托架应防腐良好、安装平整牢固、与器具紧密平稳接触。

5.4.2 卫生器具排水管道安装

1 应采取可靠措施固定与排水横管连接的各卫生器具的受水口和立管;应采取可靠的防渗漏措施防止管道与楼板的接合部位渗水和漏水。

2 连接卫生器具的排水管道接口应紧密不漏,其固定支架、管卡等支撑位置应正确,与管道的接触应平整、牢固。

5.5 室外给水管网

5.5.1 给水管道安装

1 给水管道不得直接穿越污水井、化粪池、卫生间等污染源。

2 埋地敷设给水管道时,管顶的覆土厚度不得小于500mm,穿越道路部位的埋深不得小于700mm。

3 给水管道与污水管道平行敷设且垂直间距在500mm以内时,如果给水管道管径不大于200mm,管道外壁水平间距不得小于1.5m;如果管径大于200mm,管道外壁水平间距不得小于3m。

4 管道连接应符合工艺要求,阀门、水表等的安装位置应正确。塑料给水管道上的水表、阀门等设施的重量或启闭装置的扭矩不得作用于管道上,管径超过50mm时应设独立的支撑装置。

5 管道和金属支架涂漆应附着良好,不应有脱皮、起泡、流淌和漏涂等缺陷。

6 水表、阀门应设置独立支墩。

7 管道接口法兰、卡扣、卡箍等应安装在检查井或地沟内,不应埋在土壤中。

8 管道法兰与阀门法兰不得加力对正,以免加力不均匀导致密封不严。

9 如果设计无要求,安装给水系统各种井室内的管道时,井壁距法兰或承口的距离应符合:管径不大于450mm时,不得小于250mm;管径大于450mm时,不得小于350mm。

10 捻口用的油麻填料必须清洁,填塞后应捻实,其深度应占整个环形间隙深度的1/3。

11　捻口用水泥强度应不低于32.5MPa,接口水泥应密实饱满,接口水泥面凹入承口边缘的深度不得大于2mm。

12　如果给水铸铁管采用水泥捻口,在安装地点有侵蚀性的地下水时应在接口处涂抹沥青防腐层。

13　如果埋地给水管道采用橡胶圈接口,在土壤或地下水对橡胶圈有腐蚀的地段,在回填土前应使用沥青胶泥、沥青麻丝或沥青锯末等封闭橡胶圈接口。

14　应试验管网水压,测试压力应为工作压力的1.5倍且不小于0.6MPa。

5.5.2　管沟与井室

1　砌筑井室前应湿润砌体材料,砌筑时砌体材料吸水率应不小于35%。

2　应在管道和阀门安装完成后开始砌筑阀门井,应按照设计或设计指定的图集施工。阀门的法兰不得砌在井外或井壁内。为便于维修,阀门的法兰外缘应距井壁250mm。

3　砌筑圆筒形井室时,应随时检测直径尺寸。需要收口时,如果四面收进,每次收进不得大于30mm;如果三面收进,每次收进不得大于50mm。

4　重型铸铁井盖不得直接安装在井室的砖墙上,应安装在厚度不小于80mm的混凝土垫圈上。

5　行车道的井盖上表面应与道路相平;绿化带的井盖上表面应高出地面50mm。应在井圈外围设置宽10cm的水泥砂浆护坡,确保排水顺畅。

6　安装在井室内的阀门手柄应与井口对中。

5.6　室外排水管网

5.6.1　排水管道安装

1　塑料管材内壁应光滑,管身不得有裂缝,管口不得有破损、裂口、变形等缺陷。混凝土管内外表面应无空鼓、解筋、裂纹、缺边等缺陷。

2　排水管道沟槽地基强度应满足设计要求。

3　排水铸铁管采用水泥捻口时,油麻填塞应密实,接口水泥应密实饱满,接口面应凹入承口边缘且深度不得大于2mm。

4　安装排水铸铁管外壁前应除锈、涂2遍石油沥青漆。

5　安装承插接口的排水管道时,管道和管件的承口应与水流方向相反。

5.6.2　排水管道与井池

1　排水检查井、化粪池的底板及进、出水管的高程应符合设计要求,允许偏差应为±15mm。

2　井、池的规格、尺寸和位置应正确,砌筑和抹灰应符合要求。

3　井盖选用应正确,标志应明显,高程应符合设计要求。

4　砌筑砖砌检查井时应随时检查尺寸,收口时每次收进应不大于30mm,三面收进时每次应不大于50mm。

5 宜在井壁砌至管顶以上时砌筑检查井的流槽。污水管道流槽高度应与所安管道的管顶平,雨水管道流槽应达到管道管径的一半。

6 管道跌水水头大于2m时应设置跌水井;跌水水头为1~2m时宜设跌水井;管道转弯处不宜设置跌水井。

7 雨水口管及雨水口连接管的敷设、接口、回填等应与雨水管相同,管口应与井内墙平。

5.7 给排水细部

5.7.1 预留孔洞及套管

1 应在预留孔洞及套管旁边做标识。

2 管道穿过墙壁和楼板处应设置金属或塑料套管。

3 有管道穿过的地下室或地下构筑物外墙应采取防水措施。有严格防水要求的建筑物应采用柔性防水套管。

4 主体工程施工时,结构板上预留的给排水孔洞宜采用带止水环的预埋件套管,以减少二次回补预留孔而引起的渗漏水。

5 套管安装在楼板内时,顶部应高出装饰地面20mm;套管安装在卫生间及厨房内时,顶部应高出装饰地面50mm,底部应与楼板底面相平。

6 安装在墙壁内的套管的两端应与饰面相平。

7 安装套管时应使用附加筋固定,附加筋应绑扎在结构主筋上,不得采用焊接。

8 应使用阻燃密实材料和防水油膏填实穿过楼板和墙的套管与管道之间缝隙,端面应光滑。

9 应做好地下室外墙防水套管的临时封堵,套管应不渗漏。

5.7.2 管井立管安装

1 应结合立管数量、支管接口、阀门、计量表等装置综合考虑布置管道井内的立管。

2 应安装支架固定井内立管,保持管道的垂直度。

3 井内立管根部应做橡胶套圈处理。

4 各种管道应做标识。

5.7.3 给水支管暗敷安装

1 应根据设计确定卫生器具和相应给水支管的位置。

2 应调节支管出墙面尺寸并固定支管。

3 应临时封堵支管甩口。

4 支管出墙面长度应控制在±5mm内,接口应与装饰后墙面平齐。

5 单给水点安装高程的偏差应不超过±10mm,冷热水混合给水点安装高程的偏差应不超过±5mm。

6 室内给水管道安装完成后应分区域进行水压试验,水压试验应符合设计要求。当设计未注明时,给水管道系统试验压力应为工作压力的1.5倍,且不得小于0.6MPa。

5.7.4 异层排水支管安装

1 应根据设计确定卫生器具排水支管和相应支管的敷设路径。

2 应根据排水支管的布置设置异层排水吊架。

3 排水支管穿顶棚处应做胶圈装饰。

4 排水支管应固定牢固,整体美观,间距应符合要求。

5 安装排水管道后应进行灌水、通水试验,应检查坡度和管道接口质量,应在满足要求后隐蔽。

5.7.5 同层排水支管安装

1 应在卫生间防水保护层施工完成后安装同层排水支管。

2 安装排水横支管前应按设计图纸及现场预留位置绘出配管简图,配管应选择合适的管材和管件。

3 如果管材和管件采用承插式胶粘剂粘接的连接方式,管材、管件和黏结剂应匹配,宜由同一生产厂配套供应。

4 宜采用砖墩支撑固定横支管管道,排水坡度应满足设计要求。

5 排水管道安装完毕,应复核管道的外观质量和安装尺寸,应封堵排水管道预留甩口。

6 横支管布置应保证自卫生器具至排出管的距离最短、管道转弯最少。

7 存水弯水封深度不得小于50mm。

8 排水管道安装完成后,应进行灌水、通水试验,检查坡度和管道接口质量,合格后方可隐蔽。

5.7.6 地漏安装

1 地漏安装应平整、牢固、密实、周边无渗漏。

2 地漏上表面宜平齐或略低于排水点建筑地面,高程应符合设计要求。

3 地漏篦子应开启灵活。

4 地漏内水封高度应不小于50mm。

5.7.7 室内消火栓安装

1 消火栓箱体产品投入使用前应取得消防部门的制造许可证及合格证。

2 应严格根据设计图纸确定消火栓箱体和相应消防支管位置,不得随意更改。

3 消火栓箱体应与门框牢固固定,箱体应突出墙面3mm左右,应便于在门框四周缝隙处打胶。

4 栓口应朝外,且不应安装在门轴侧。

5.7.8 室外消火栓安装

1 室外消火栓产品投入使用前应取得消防部门的制造许可证及合格证。

2 消防水泵接合器的安装位置应符合设计要求;没有设计要求时,安装位置应为距人行道边1m处。

3 地下式消防水泵接合器顶部进水口与井盖底面距离应不大于400mm,以便连接。

4 消防水泵接合器和消火栓的位置应设置明显标志,栓口的位置应方便操作。采用墙壁式消防水泵接合器和室外消火栓时,如果没有设计要求,进、出水栓口的中心安装高度应距地面1.10m,其上方应设有防坠落物打击的设施。

5 室外地下式消火栓与主管连接的三通及弯头应固定在混凝土支墩上,消火栓处应有明显标记。

6 在消防管道竣工前应冲洗管道。

5.7.9 消防给水泵设备安装

1 应结合管道进出口位置、后续检修空间等综合设置消防给水泵。

2 安装消防水泵前,应复核水泵的基础混凝土强度、隔震装置、高程、尺寸和螺栓孔位置。

3 管道与泵连接时,泵体不得直接承受管道重量,连接后应复核支吊架高程。

4 消防泵出水管上应安装试验用的放水阀及排水管。

5 安装时应拧紧地脚螺栓,以免水泵启动时剧烈振动而影响泵的性能。

6 通水试验前,水泵、接合器、节流装置等消防设备应安装完毕,水泵应已做单机调试工作,试验压力应满足设计要求。

6 电气工程

6.1 电气预埋管

6.1.1 钢管

1 电气预埋钢管应有出厂合格证、检验(试验)报告,应经抽检合格。不得露天存放预埋钢管。

2 预埋钢管弯曲度应不大于3mm。钢管的螺纹连接口应整齐、光洁、无裂缝、无毛刺。

3 预埋钢管外壁应按照设计要求做防腐处理,无设计要求时应符合国家和行业现行有关标准的规定。

4 镀锌钢管不得采用熔焊连接。

5 暗配焊接钢管与盒(箱)连接时,焊接管口应高出盒(箱)内壁3~5mm,焊接后应补防腐漆。

6 明暗配薄壁钢管及镀锌钢管应与盒(箱)连接,并与电线管钢管跨接,盒子内用螺栓加固,管子宜露出盒(箱)内壁2~3个丝扣,管口应使用配套的塑料塞遮盖,盒子必须固定。

7 钢管与设备直接连接时,应将钢管伸至设备接线盒内,应采用金属软管将端部接入设备接线盒内。

8 钢管连接的末节与中间节应使用圆钢接地跨接,焊接长度应不小于圆钢直径的6倍。暗配钢管连接宜采用套管连接,套管长度为连接管外径的1.5~3.0倍;连接管的对口处应在套管的中心,焊口焊接应牢固严密。钢管管路的所有连接点应可靠。

6.1.2 塑料管

1 电气预埋塑料管应有出厂合格证、检验(试验)报告且经抽检合格。

2 电气预埋塑料管及其配件应由经阻燃处理的材料制成。塑料管外壁应有间距不大于1m的连续阻燃标记和制造厂标。

3 预埋塑料管管口应平整、光滑。管路连接应采用插入法,连接处使用胶粘剂粘接,插入深度应为管内径的 1.1～1.8 倍,接口应牢固密封。

4 在砌砖墙上剔槽敷设预埋塑料管时,墙上开槽应使用切割机切割平直,应使用强度等级不小于 M10 的水泥砂浆抹面保护,保护层厚度应不小于 15mm。

5 预埋塑料管弯曲处不应有褶皱、凹穴和裂缝。配线管路较长或有弯头时,宜在适当长度处或弯头处设置接线盒。

6.2 电气配线

6.2.1 配线

1 电气配线应有出厂合格证、型号、规格、检验(试验)报告,且经抽检合格。不得露天存放电气配线。

2 导线在接线盒、开关盒、插销盒及灯头盒内的预留长度应不小于 15cm,在配电箱内的预留长度应为配电箱箱体周长的 1/2,导线出户的预留长度应不小于 1.5m。公用导线在分支处可不剪断,宜直接穿过。

3 在导线穿管之前应认真清理管路,管内应无积水和杂物。应使用钢丝抽拉打光管内毛刺以便穿线。应清除线盒内的泥水。导线接头绝缘应可靠。

4 穿线前应备齐各档规格的护口。穿线操作应谨慎,每穿一路线后应立即套上护口、做标记并将线头弯起。

5 截面面积 10mm^2 及以下的单股线可直接与设备、器具的端子连接。

6 截面面积 10～2.5mm^2 的多股线芯应先拧紧搪锡、后压接端子,再与设备、器具连接。

7 截面面积 2.5mm^2 以上的多股线的终端,除设备自带插接端子外,应焊接或压接端子后再与设备、器具端子连接。

8 应使用绝缘带将导线端子的根部与导线绝缘层间的空隙处包缠严密。

9 用压帽接连接的单股铜芯线应采用"三点抱压式"压接钳。

10 不同电压等级、不同回路的导线不得穿在同一根导管内。配线时,相线、零线、接地线应使用不同颜色标示。

11 使用绝缘导线前应测试绝缘电阻,照明回路电阻应大于 0.5MΩ。

6.2.2 电缆敷设

1 金属电缆支架应与保护导体可靠连接。

2 交流单芯电缆或分相后的每相电缆不得单根穿于钢导管内,固定用的夹具和支架不应形成闭合磁路。

3 敷设后的电缆不得存在绞拧、铠装压扁、护层断裂和表面严重划伤等缺陷。

6.2.3 电缆头制作、导线连接和线路绝缘测试

1 电力电缆通电前应按现行《电气装置安装工程 电气设备交接试验标准》(GB 50150)的相关规定做耐压试验,试验结果应合格。

2 低压或特低电压配电线路的线间和线对地间的绝缘电阻测试电压及绝缘电阻值应符合国家现行有关产品标准的规定。

6.3 成套设备安装

6.3.1 成套配电柜、控制柜和动力、照明配电箱安装

1 柜、台、箱的金属框架及基础型钢应与保护导体可靠连接。装有电器的可开启门和金属框架的接地端子间应选用截面面积不小于 $4mm^2$ 的黄绿色绝缘铜芯软导线连接，导线应做标识。

2 柜、台、箱、盘等配电装置应有可靠的防电击保护；装置内保护接地导体（PE）排应有裸露的连接外部保护接地导体的端子且可靠连接。

3 安装照明配电箱（盘）应符合下列规定：

1）箱（盘）内配线应整齐、无绞结。导线连接应紧密、不伤线芯、不断股。垫圈下螺丝两侧的导线截面面积应相同。同一电器器件端子上连接的导线不应多于2根。防松垫圈等零件应齐全。

2）箱（盘）内开关动作应灵活可靠。

3）箱（盘）内宜分别设置中性导体（N）和保护接地导体（PE）汇流排，汇流排上同一端子不应连接不同回路的中性导体（N）或保护接地导体（PE）。

4 传输至智能化工程变送器的电量信号精度等级应符合设计要求，状态信号应正确。接收信号指令的电气断路器动作应符合指令要求，手动、自动切换功能应正常。

6.3.2 开关、插座、风扇安装

1 插座接线应符合下列规定：

1）单相两孔插座面对插座的右孔或上孔应与相线连接，左孔或下孔应与中性导体（N）连接。单相三孔插座面对插座的右孔应与相结连接，左孔应与中性导体（N）连接。

2）单相三孔、三相四孔及三相五孔插座的保护接地导体（PE）应接在上孔。插座的保护接地导体端子不得与中性导体端子连接。同一场所的三相插座接线的相序应一致。

3）保护接地导体（PE）在插座之间不得串联连接。

4）相线与中性导体（N）不应利用插座本体的接线端子转接供电。

2 交流、直流或不同电压等级的插座安装在同一场所时，应有明显的区别，插座不得互换。配套的插头应按交流、直流或不同电压等级区别使用。

3 不间断电源插座及应急电源插座应设置标识。

4 照明开关安装应符合下列规定：

1）同一建（构）筑物的开关宜采用同一系列的产品，单控开关的通断位置应一致，且应操作灵活、接触可靠。

2）相线应由开关控制。

3）紫外线杀菌灯的开关应有明显标识，并应与普通照明开关的位置分开。

5 温控器接线应正确,显示屏指示应正常,安装高程应符合设计要求。

6 宿舍楼等充电较频繁的使用区域,宜使用具有防火功能、带 USB 接口的插座。

6.3.3 柴油发电机组安装

1 发电机的试验应符合现行《建筑电气工程质量验收规范》(GB 50303)的相关规定。

2 发电机组至配电柜供电线路的相间、相对地间的绝缘电阻值在低压供电线路不应小于 0.5MΩ,在高压供电线路不应小于 1MΩ/kV;绝缘电缆供电线路直流耐压试验应符合现行《电气装置安装工程 电气设备交接试验标准》(GB 50150)的相关规定。

3 柴油发电机馈电线路连接后,两端的相序应与原供电系统的相序一致。

4 柴油发电机并列运行时,电压、频率应与相位一致。

5 发电机的中性点接地连接方式及接地电阻值应符合设计要求,接地螺栓防松零件应齐全且有标识。

6 发电机本体和机械部分的外露可导电部分应分别与保护导体可靠连接且有标识。

7 燃油系统的设备及管道的防静电接地应符合设计要求。

6.4 照明器具安装

6.4.1 照明器具及配电箱

1 照明器具、配电箱应有合格证。

2 应在安装照明器具前检查器具,不应有机械损伤、变形、油漆剥落等缺陷。器具应牢固安装。吊灯吊线应在吊线盒和灯座内打线结,以防吊线因灯具质量在接线螺丝处滑出造成事故。吊灯质量超过 3kg 时应预埋吊钩或螺栓,应按灯重的 1.5 倍对其固定装置做过载试验。

3 嵌入顶棚内的灯具应固定在专设的框架上,电源线不应贴近灯具外壳,灯线应留有余量,固定灯罩的框架边缘应紧贴在顶棚上。同一场所的灯具应横平竖直,中心线偏差应小于 5mm。灯具安装高度距地应小于 2.4m,可带电部分的金属外壳应接地。

4 在配电箱内有交、直流或不同电压时,应各有明显的标示或分设在单独的板面上。

5 导线引出板面应套有绝缘管。

6 配电箱上应标明用电回路名称。

7 交直流或不同电压的插座应分别采用不同的形式且有明显标示,插头与插座不得互相插入。

8 单相三孔插座面对插座左孔应接工作零线,右孔应接相线,上孔应接零干线或保护零线或接地线,上孔与左孔不得用导线相连接。三相四孔插座面对插座左孔应接 A 相相线,大孔应接 B 相相线,右孔应接 C 相相线,上孔应接零干线或保护零线或接地线。

9 同一建筑的三相插座接线的相位应一致。

10 暗装插座应有专用盒(暗盒),盖板应端正并紧贴墙面。

11 开关的通断位置应一致,宜向上为"合"、向下为"分"。

12　开关安装位置应距门框 0.15~0.20m。同一场所的开关高度应一致。盖板应端正、紧贴墙面。

13　配电箱内应分别设置零线和保护接地线(PE 线)。

14　所用施工设备及材料的质量应符合设计要求。

15　禁止采用碘钨灯、卤素灯、荧光灯、白炽灯等作为普通照明灯具,宜采用节能灯、LED 灯等照明灯具。

6.4.2　建筑照明通电试运行

1　灯具回路控制应符合设计要求,应与照明控制柜、箱(盘)及回路的标识一致。开关宜与灯具控制顺序相对应。风扇的转向及调速开关应正常。

2　公共建筑照明系统通电连续试运行时间应为 24h,住宅照明系统通电连续试运行时间应为 8h。所有照明灯具应同时开启,应每 2h 按回路记录运行参数,连续试运行时间内应无故障。

3　对于设计有照度测试要求的场所,试运行时应检测照度,检测结果应符合设计要求。

6.5　防雷接地

6.5.1　接地装置

1　应在地面以上按要求设置防雷测试点,可利用人工接地装置或建筑物基础钢筋的接地装置作为测试点。

2　应采用搭接焊的方式焊接接地装置,搭接长度应符合:扁钢 ≥$2b$,圆钢 ≥$6D$,圆钢与扁钢 ≥$6D$(注:b 为扁钢宽度;D 为圆钢直径)。

3　利用金属构件、金属管道作为接地线时,应在构件或管道与接地干线间焊接金属跨接线。

6.5.2　引下线

1　暗敷在建筑物抹灰层内的引下线应使用卡钉分段固定。明敷的引下线应平直、无急弯,与支架焊接处应做油漆防腐且无遗漏。

2　避雷引下线的保护管应牢固可靠,断接卡子设置应便于检测,接触面镀锌或镀锡应完整,螺栓等紧固件应齐全。防腐应均匀,不污染建筑物。

3　应在接地线穿越墙体、楼板和地坪处加套钢管或其他坚固的保护套管,钢套管应与接地线做电气连通。

6.5.3　避雷装置

1　建筑物顶部的避雷针、避雷带等应与顶部外露的其他金属物体连成一个整体的电气通路,与避雷引下线的连接应可靠。

2　避雷带(网)及其支持件的安装位置应正确。如果采用焊接固定,焊缝应饱满、无遗漏、防腐良好;如果采用螺栓固定,应采取双螺帽等防松措施。

3 避雷带(网)应平整顺直,固定点支持件应间距均匀、固定可靠。每个支持件应能承受大于49N的垂直拉力。

6.5.4 其他

1 扁钢搭接应焊接3个棱边,圆钢应焊接双面,应做尺量检查和观察检查。

2 焊接扁钢与钢管、扁钢与角钢,应紧贴3/4钢管表面或紧贴角钢外侧两面在上、下两侧施焊。

3 非埋设在混凝土中的焊接接头应做防腐措施。

4 浪涌保护器安装位置应正确,连接应牢固。连接浪涌保护器的相线、接地线长度不宜大于0.5m,规格应符合国家和行业现行有关标准的规定,与等电位排必须用铜扣压接。

5 建筑防雷接地安装完成后应对防雷接地装置进行测试。

7 其他工程

7.1 室外工程

7.1.1 室外管网

1 场地压实度、场地高程未满足设计要求时,室外管道、管井、管道附属设施等不得施工。

2 室外管网开挖后应严格按设计图纸要求施工;无具体设计要求时,管道底部宜设置厚度不低于100mm的垫层,行车道和停车场区域的管道顶部宜设置高度不低于500mm的保护层(覆盖层)。

3 应做好室外坑洞口、临边的防护措施。检查井、沟槽、洞口应搭设醒目警示标志。在洞口上、下施工应设警戒区,应派专人看守。

7.1.2 室外场地

1 水泥稳定碎石基层和底基层宜采用集中厂拌法拌制混合料、摊铺机施工,不宜现场拌制。服务区的水泥混凝土路面应采用摊铺机摊铺施工。

2 路面养生时间应不少于14d,养生期间严禁人、车通行。

3 广场砖铺贴应轻轻平放、使用橡皮锤敲打固定,不得损伤砖的边角。铺好地砖后应沿线检查平整度,发现有移动时应立即修整。

4 同一区域内路灯的安装仰角、装灯方向宜保持一致。

7.2 水池防水

7.2.1 防水材料

1 防水砂浆应使用普通硅酸盐水泥、硅酸盐水泥或特种水泥,不得使用过期或受潮结块的水泥。

2　防水砂浆宜采用中砂,含泥量不应大于1.0%,硫化物及硫酸盐含量不应大于1.0%。

3　水泥砂浆防水层应采用聚合物水泥防水砂浆、掺外加剂或掺合料的防水砂浆。

4　应采用不含有害物质的洁净水。

5　聚合物乳液应为均匀液体、无杂质、无沉淀、不分层。

6　应检查产品合格证、产品性能检测报告、计量措施和材料进场检验报告。

7.2.2　防水施工

1　防水混凝土的原材料、配合比及坍落度应符合设计要求。

2　防水混凝土采用预拌混凝土时,入泵坍落度宜控制在120~160mm,坍落度每小时损失值不应大于20mm,坍落度总损失值不应大于40mm。

3　防水混凝土的抗压强度和抗渗性能应符合设计要求。

4　防水混凝土结构的施工缝、变形缝、后浇带、穿墙管、埋设件等的设置和构造应符合设计要求。

5　水池卷材防水基层阴阳角宜做成圆弧,圆弧半径应依据防水材质确定,应做好基层处理。

6　阴阳角处卷材附加层宽度应不小于500mm。大面积铺贴防水卷材前应完成集水坑、后浇带等处的铺贴。

7　止水钢板应沿水池墙体中心放置。止水折边应朝向迎水面。

8　止水钢板接头处应双面满焊,搭接长度应为50mm。

7.3　环保设施

7.3.1　设施进场

1　环保设施进场时应提供出厂合格证和工艺技术指标。

2　监理工程师应组织检查进场的环保设备。

7.3.2　设施安装

1　应结合施工现场的排水线路布置环保设施。

2　施工污水不得排入农用水系。

3　环保设施安装完成后的顶部高程应与周边环境一致,不得出现较大的地坪落差。

7.3.3　设施调试与检验

1　应在环保设备安装调试后完成排放水的水质取样送检。

2　监理单位应组织施工单位和设备供应商应共同完成水质取样送检,应在检测结果达到相关水类排放标准后交付。

APPENDIX

附 录

附录A

公路房建工程建设管理参考文件

A.1 公路房建工程管理文件

序号	类型	文件、标准名称	文号、标准编号
1	招投标	《公路工程建设项目招标投标管理办法》	交通运输部令2015年第24号
2	征地	《公路工程项目建设用地指标》	建标〔2011〕124号
3	规划、选址	《广东省高速公路服务区布局规划(2020—2035年)》	粤交规〔2020〕630号
4	设计、验收	《广东省高速公路服务设施设计和验收指南》	粤交基〔2015〕287号
5	设计	《高速公路改扩建交通工程及沿线设施设计细则》	JTG/T L80—2014
6	设计	《高速公路交通工程及沿线设施设计通用规范》	JT GD80—2006
7	设计	《公路交通安全设施设计规范》	JTG D81—2017
8	设计	《公路交通安全设施设计细则》	JTG/T D81—2017
9	监理	《建设工程监理规范》	GB/T 50319—2013
10	档案	《建设工程文件归档规范》(2019年版)	GB/T 50328—2014
11	安全	《广东省公路工程施工安全防护设施技术指南》	粤交质〔2019〕668号
12	安全	《广东省高速公路工程施工安全标准化指南》	粤交基函〔2017〕178号
13	竣工验收	《关于广东省交通建设项目附属房建工程竣工验收的实施意见》	粤交基〔2008〕628号

注:标准规范及相关文件如有更新,以最新版本为准。

A.2 公路房建工程勘察设计标准

序号	类型	标准名称、文件名称	标准编号、文号
1	勘察	《岩土工程勘察规范》（2009年版）	GB 50021—2001
2	勘察	《市政工程勘察规范》	CJJ 56—2012
3	勘察	《建筑工程地质勘探与取样技术规程》	JGJ/T 87—2012
4	测量	《工程测量标准》	GB 50026—2020
5	建筑	《民用建筑设计统一标准》	GB 50352—2019
6	建筑	《宿舍建筑设计规范》	JGJ 36—2016
7	建筑	《办公建筑设计标准》	JGJ/T 67—2019
8	建筑	《饮食建筑设计标准》	JGJ 64—2017
9	建筑	《商店建筑设计规范》	JGJ 48—2014
10	建筑	《旅馆建筑设计规范》	JGJ 62—2014
11	建筑	《物流建筑设计规范》	GB 51157—2016
12	建筑	《展览建筑设计规范》	JGJ 218—2010
13	建筑	《档案馆建筑设计规范》	JGJ 25—2010
14	建筑	《体育建筑设计规范》	JGJ 31—2003
15	建筑	《交通客运站建筑设计规范》	JGJ/T 60—2012
16	建筑	《车库建筑设计规范》	JGJ 100—2015
17	建筑	《数据中心设计规范》	GB 50174—2017
18	建筑	《城市公共厕所设计标准》	CJJ 14—2016
19	建筑	《城市道路公共交通站、场、厂工程设计规范》	CJJ/T 15—2011
20	建筑	《汽车加油加气站设计与施工规范》（2014年版）	GB 50156—2012
21	建筑	《智能建筑设计标准》	GB 50314—2015
22	建筑	《建筑地面设计规范》	GB 50037—2013
23	防火	《建筑设计防火规范》（2018年版）	GB 50016—2014
24	防火	《建筑内部装修设计防火规范》	GB 50222—2017
25	防火	《汽车库、修车库、停车场设计防火规范》	GB 50067—2014
26	消防	《建筑灭火器配置设计规范》	GB 50140—2005
27	消防	《火灾自动报警系统设计规范》	GB 50116—2013
28	消防	《自动喷水灭火系统设计规范》	GB 50084—2017
29	消防	《泡沫灭火系统设计规范》	GB 50151—2010
30	消防	《干粉灭火系统设计规范》	GB 50347—2004
31	消防	《气体灭火系统设计规范》	GB 50370—2005

续上表

序号	类型	标准名称、文件名称	标准编号、文号
32	给排水	《建筑给水排水设计标准》	GB 50015—2019
33	给排水	《建筑中水设计标准》	GB 50336—2018
34	给排水	《建筑与小区雨水控制及利用工程技术规范》	GB 50400—2016
35	弱电	《综合布线系统工程设计规范》	GB 50311—2016
36	电气	《民用建筑电气设计标准》	GB 51348—2019
37	电气	《交通建筑电气设计规范》	JGJ 243—2011
38	电气	《住宅建筑电气设计规范》	JGJ 242—2011
39	电气	《体育建筑电气设计规范》	JGJ 354—2014
40	电气	《商店建筑电气设计规范》	JGJ 392—2016
41	电气	《太阳能光伏玻璃幕墙电气设计规范》	JGJ/T 365—2015
42	电气	《会展建筑电气设计规范》	JGJ 333—2014
43	防雷	《高速公路设施防雷设计规范》	QX/T 190—2013
44	防雷	《建筑物防雷设计规范》	GB 50057—2010
45	防雷	《建筑物电子信息系统防雷技术规范》	GB 50343—2012
46	防雷	《智能建筑防雷设计规范》	QX/T 331—2016
47	防雷	《大型桥梁防雷设计规范》	QX/T 330—2016
48	防雷	《通信局(站)防雷与接地工程设计规范》	GB 50689—2011
49	结构	广东省《建筑结构荷载规范》	DBJ 15-101—2014
50	结构	《工程结构设计基本术语标准》	GB/T 50083—2014
51	结构	《工程结构设计通用符号标准》	GB/T 50132—2014
52	结构	《组合结构设计规范》	JGJ 138—2016
53	结构	广东省《建筑地基基础设计规范》	DBJ 15-31—2016
54	结构	广东省《建筑工程抗浮设计规程》	DBJ/T 15-125—2017
55	结构	广东省《钢结构设计规程》	DBJ 15-102—2014
56	结构	广东省《装配式混凝土建筑深化设计技术规程》	DBJ/T 15-155—2019
57	结构	《建筑抗震设计规范》(2016年版)	GB 50011—2010
58	结构	《构筑物抗震设计规范》	GB 50191—2012
59	结构	《建筑地基基础设计规范》	GB 50007—2011
60	结构	广东省《建筑地基基础设计规范》	DBJ 15-31—2016

续上表

序号	类型	标准名称、文件名称	标准编号、文号
61	结构	《全国民用建筑工程设计技术措施—结构(地基与基础)2009年》	建质〔2009〕124号
62	结构	《砌体结构设计规范》	GB 50003—2011
63	结构	《铝合金结构设计规范》	GB 50429—2007
64	结构	《预应力混凝土结构设计规范》	JGJ 369—2016
65	结构	《混凝土结构设计规范》(2015年版)	GB 50010—2010
66	结构	《高耸结构设计标准》	GB 50135—2019
67	暖通	《民用建筑供暖通风与空气调节设计规范》	GB 50736—2012

A.3 公路房建工程技术标准

序号	类型	标准名称	标准编号
1	地基与基础	广东省《岩溶地区建筑地基基础技术规范》	DBJ/T 15-136—2018
2	模板	广东省《铝塑模板技术规范》	DBJ/T 15-176—2020
3	混凝土	广东省《混凝土技术规范》	DBJ 15-109—2015
4	地基处理	广东省《建筑地基处理技术规范》	DBJ/T 15-38—2019
5	地基处理	《建筑地基处理技术规范》	JGJ 79—2012
6	地基处理	《吹填土地基处理技术规范》	GB/T 51064—2015
7	基坑支护	《建筑基坑支护技术规程》	JGJ 120—2012
8	基坑支护	广东省《建筑基坑工程技术规程》	DBJ 15—2016
9	边坡支护	《建筑边坡工程技术规范》	GB 50330—2013
10	边坡支护	《建筑边坡工程鉴定与加固技术规范》	GB 50843—2013
11	地基	《复合地基技术规范》	GB/T 50783—2012
12	基础	《建筑桩基技术规范》	JGJ 94—2008
13	基础	《混凝土预制拼装塔机基础技术规程》	JGJ/T 197—2010
14	基础	《既有建筑地基基础加固技术规范》	JGJ 123—2012
15	混凝土	《混凝土基层喷浆处理技术规程》	JGJ/T 238—2011
16	混凝土	《混凝土结构工程无机材料后锚固技术规程》	JGJ/T 271—2012
17	混凝土	《混凝土结构耐久性修复与防护技术规程》	JGJ/T 259—2012
18	混凝土	《装配式混凝土结构技术规程》	JGJ 1—2014
19	混凝土	《装配式混凝土建筑技术标准》	GB/T 51231—2016
20	混凝土	广东省《装配式混凝土建筑结构技术规程》	DBJ 15-107—2016
21	混凝土	《混凝土异形柱结构技术规程》	JGJ 149—2017

续上表

序号	类型	标准名称	标准编号
22	混凝土	《装配箱混凝土空心楼盖结构技术规程》	JGJ/T 207—2010
23	混凝土	《预制预应力混凝土装配整体式框架结构技术规程》	JGJ 224—2010
24	混凝土	《预制带肋底板混凝土叠合楼板技术规程》	JGJ/T 258—2011
25	混凝土	《现浇混凝土空心楼盖技术规程》	JGJ/T 268—2012
26	混凝土	广东省《现浇混凝土空心楼盖结构技术规程》	DBJ 15-95—2013
27	混凝土	《钢丝网架混凝土复合板结构技术规程》	JGJ/T 273—2012
28	钢结构	《钢结构焊接规范》	GB 50661—2011
29	钢结构	《钢结构高强度螺栓连接技术规程》	JGJ 82—2011
30	钢结构	《建筑钢结构防腐蚀技术规程》	JGJ/T 251—2011
31	钢筋	《钢筋机械连接技术规程》	JGJ 107—2016
32	钢筋	《带肋钢筋套筒挤压连接技术规程》	JGJ 108—96
33	钢筋	《钢筋锚固板应用技术规程》	JGJ 256—2011
34	模板	《组合钢模板技术规范》	GB/T 50214—2013
35	防水	《硬泡聚氨酯保温防水工程技术规范》	GB 50404—2017
36	防水	广东省《建筑防水工程技术规程》	DBJ/T 15-19—2020
37	防水	《喷涂聚脲防水工程技术规程》	JGJ/T 200—2010
38	防水	《建筑外墙防水工程技术规程》	JGJ/T 235—2011
39	防水	《住宅室内防水工程技术规范》	JGJ 298—2013
40	防水	《房屋渗漏修缮技术规程》	JGJ/T 53—2011
41	保温	《外墙内保温工程技术规程》	JGJ/T 261—2011
42	保温	《外墙外保温工程技术标准》	JGJ 144—2019
43	防火	《建筑外墙外保温防火隔离带技术规程》	JGJ 289—2012
44	屋面	《屋面工程技术规范》	GB 50345—2012
45	屋面	《坡屋面工程技术规范》	GB 50693—2011
46	屋面	《种植屋面工程技术规程》	JGJ 155—2013
47	屋面	《建筑遮阳工程技术规范》	JGJ 237—2011
48	屋面	《采光顶与金属屋面技术规程》	JGJ 255—2012
49	地面	《环氧树脂自流平地面工程技术规范》	GB/T 50589—2010
50	地面	《自流平地面工程技术标准》	JGJ/T 175—2018
51	幕墙	《金属与石材幕墙工程技术规范》	JGJ 133—2001
52	门窗	《铝合金门窗工程技术规范》	JGJ 214—2010
53	防雷	《建筑物电子信息系统防雷技术规范》	GB 50343—2012
54	安防	《安全防范工程技术标准》	GB 50348—2018
55	新能源	《民用建筑太阳能热水系统应用技术标准》	GB 50364—2018

续上表

序号	类型	标准名称	标准编号
56	新能源	《太阳能供热采暖工程技术标准》	GB 50495—2019
57	空调	《多联机空调系统工程技术规程》	JGJ 174—2010
58	新能源	《建筑光伏系统应用技术标准》	GB/T 51368—2019
59	新能源	《被动式太阳能建筑技术规范》	JGJ/T 267—2012
60	电气	《矿物绝缘电缆敷设技术规程》	JGJ 232—2011

A.4 公路房建工程施工标准

序号	类型	标准名称	标准编号
1	地基基础	广东省《建筑地基基础施工规范》	DBJ/T 15-152—2019
2	装饰装修	《外墙饰面砖工程施工及验收规程》	JGJ 126—2015
3	混凝土	《混凝土泵送施工技术规程》	JGJ/T 10—2011
4	钢筋	《钢筋焊接及验收规程》	JGJ 18—2012
5	混凝土	《混凝土结构工程施工规范》	GB 50666—2011
6	钢结构	《钢结构工程施工规范》	GB 50755—2012
7	智能建筑	《智能建筑工程施工规范》	GB 50606—2010
8	智能建筑	广东省《建筑智能工程施工、检测与验收规范》	DBJ/T 15-147—2018
9	给排水	《给水排水构筑物工程施工及验收规范》	GB 50141—2008
10	基础	《数据中心基础设施施工及验收规范》	GB 50462—2015
11	装饰装修	《住宅装饰装修工程施工规范》	GB 50327—2001
12	装饰装修	《建筑内部装修防火施工及验收规范》	GB 50354—2005
13	装饰装修	《建筑涂饰工程施工及验收规程》	JGJ/T 29—2015
14	防腐	《建筑防腐蚀工程施工规范》	GB 50212—2014
15	环境污染	《民用建筑工程室内环境污染控制标准》	GB 50325—2020
16	消防	《火灾自动报警系统施工及验收标准》	GB 50166—2019
17	消防	《自动喷水灭火系统施工及验收规范》	GB 50261—2017
18	消防	《气体灭火系统施工及验收规范》	GB 50263—2007
19	消防	《固定消防炮灭火系统施工与验收规范》	GB 50498—2009
20	电气	《建筑电气照明装置施工与验收规范》	GB 50617—2010
21	暖通	《通风与空调工程施工规范》	GB 50738—2011
22	燃气	《城镇燃气室内工程施工与质量验收规范》	CJJ 94—2009

A.5 公路房建工程材料应用标准

序号	类型	标准名称	标准编号
1	混凝土	《普通混凝土拌合物性能试验方法标准》	GB/T 50080—2016
2	混凝土	《混凝土物理力学性能试验方法标准》	GB/T 50081—2019
3	混凝土	《早期推定混凝土强度试验方法标准》	JGJ/T 15—2021
4	混凝土	《混凝土用水标准》	JGJ 63—2006
5	混凝土	《普通混凝土配合比设计规程》	JGJ 55—2011
6	混凝土	《混凝土强度检验评定标准》	GB/T 50107—2010
7	混凝土	《混凝土质量控制标准》	GB 50164—2011
8	混凝土	《普通混凝土用砂、石质量及检验方法标准》	JGJ 52—2006
9	混凝土	《混凝土外加剂应用技术规范》	GB 50119—2013
10	混凝土	《预防混凝土碱骨料反应技术规范》	GB/T 50733—2011
11	混凝土	《粉煤灰混凝土应用技术规范》	GB/T 50146—2014
12	钢筋	《钢筋焊接接头试验方法标准》	JGJ/T 27—2014
13	钢筋	《钢筋阻锈剂应用技术规程》	JGJ/T 192—2009
14	砂浆	《建筑砂浆基本性能试验方法标准》	JGJ/T 70—2009
15	砂浆	《砌筑砂浆配合比设计规程》	JGJ/T 98—2010
16	砂浆	《抹灰砂浆技术规程》	JGJ/T 220—2010
17	砂浆	《预拌砂浆应用技术规程》	JGJ/T 223—2010
18	砂浆	广东省《预拌砂浆生产与应用技术管理规程》	DBJ/T 15-111—2016
19	砂浆	《无机轻集料砂浆保温系统技术标准》	JGJ/T 253—2019
20	砌筑	《混凝土小型空心砌块建筑技术规程》	JGJ/T 14—2011
21	砌筑	《蒸压加气混凝土制品应用技术标准》	JGJ/T 17—2020
22	砌筑	《清水混凝土应用技术规程》	JGJ 169—2009
23	砌筑	《补偿收缩混凝土应用技术规程》	JGJ/T 178—2009
24	砌筑	《人工砂混凝土应用技术规程》	JGJ/T 241—2011
25	砌筑	《轻型钢丝网架聚苯板混凝土构件应用技术规程》	JGJ/T 269—2012
26	墙体	《墙体材料应用统一技术规范》	GB 50574—2010
27	玻璃	《建筑玻璃应用技术规程》	JGJ 113—2015
28	墙板	《建筑轻质条板隔墙技术规程》	JGJ/T 157—2014
29	陶瓷薄板	《建筑陶瓷薄板应用技术规程》	JGJ/T 172—2012
30	复合材料	《纤维增强复合材料工程应用技术标准》	GB 50608—2020
31	复合材料	《再生骨料应用技术规程》	JGJ/T 240—2011

A.6 公路房建工程检测技术标准

序号	类型	标准名称	标准编号
1	通用	《房屋建筑与市政基础设施工程检测分类标准》	JGJ/T 181—2009
2	通用	《建筑工程检测试验技术管理规范》	JGJ 190—2010
3	桩基	《建筑基桩检测技术规范》	JGJ 106—2014
4	锚杆	《锚杆锚固质量无损检测技术规程》	JGJ/T 182—2009
5	混凝土	《混凝土结构试验方法标准》	GB/T 50152—2012
6	混凝土	《混凝土结构现场检测技术标准》	GB/T 50784—2013
7	混凝土	《混凝土耐久性检验评定标准》	JGJ/T 193—2009
8	混凝土	《回弹法检测混凝土抗压强度技术规程》	JGJ/T 23—2011
9	混凝土	广东省《回弹法检测泵送混凝土抗压强度技术规程》	DBJ/T 15-211—2021
10	混凝土	《后锚固法检测混凝土抗压强度技术规程》	JGJ/T 208—2010
11	混凝土	《高强混凝土强度检测技术规程》	JGJ/T 294—2013
12	混凝土	广东省《高强混凝土强度回弹法检测技术规程》	DBJ/T 15-186—2020
13	结构	《建筑结构检测技术标准》	GB/T 50344—2019
14	结构	《钢结构现场检测技术标准》	GB/T 50621—2010
15	结构	《工程结构加固材料安全性鉴定技术规范》	GB 50728—2011
16	结构	《建筑变形测量规范》	JGJ 8—2016
17	钢筋	《混凝土中钢筋检测技术标准》	JGJ/T 152—2019
18	防水	《建筑防水工程现场检测技术规范》	JGJ/T 299—2013
19	砂浆	《贯入法检测砌筑砂浆抗压强度技术规程》	JGJ/T 136—2017
20	砂浆	《择压法检测砌筑砂浆抗压强度技术规程》	JGJ/T 234—2011
21	砌体	《砌体工程现场检测技术标准》	GB/T 50315—2011
22	门窗	《建筑门窗工程检测技术规程》	JGJ/T 205—2010
23	装饰装修	《建筑工程饰面砖粘结强度检验标准》	JGJ/T 110—2017
24	装饰装修	《红外热像法检测建筑外墙饰面粘结质量技术规程》	JGJ/T 277—2012
25	节能	《居住建筑节能检测标准》	JGJ/T 132—2009
26	暖通	《采暖通风与空气调节工程检测技术规程》	JGJ/T 260—2011
27	智能建筑	《智能建筑工程质量检测标准》	JGJ/T 454—2019

A.7 公路房建工程质量验收标准

序号	类型	标准名称	标准编号
1	通用	《建筑工程施工质量验收统一标准》	GB 50300—2013
2	通用	《建筑工程施工质量评价标准》	GB/T 50375—2016
3	结构	《建筑结构加固工程施工质量验收规范》	GB 50550—2010
4	地基	《建筑地基基础工程施工质量验收标准》	GB 50202—2018
5	土石方	《土方与爆破工程施工及验收规范》	GB 50201—2012
6	混凝土	《混凝土结构工程施工质量验收规范》	GB 50204—2015
7	混凝土	《钢管混凝土工程施工质量验收规范》	GB 50628—2010
8	混凝土	广东省《装配式混凝土建筑工程施工质量验收规范》	DBJ/T 15-171—2019
9	钢结构	《钢结构工程施工质量验收标准》	GB 50205—2020
10	节能	《建筑节能工程施工质量验收标准》	GB 50411—2019
11	砌体	《砌体结构工程施工质量验收规范》	GB 50203—2011
12	屋面	《屋面工程质量验收规范》	GB 50207—2012
13	地面	《建筑地面工程施工质量验收规范》	GB 50209—2010
14	装饰装修	《建筑装饰装修工程质量验收标准》	GB 50210—2018
15	装饰装修	《住宅室内装饰装修工程质量验收规范》	JGJ/T 304—2013
16	防腐蚀	《建筑防腐蚀工程施工质量验收标准》	GB/T 50224—2018
17	幕墙	《玻璃幕墙工程质量检验标准》	JGJ/T 139—2020
18	水暖	《建筑给水排水及采暖工程施工质量验收规范》	GB 50242—2002
19	暖通	《通风与空调工程施工质量验收规范》	GB 50243—2016
20	电气	《建筑电气工程施工质量验收规范》	GB 50303—2015
21	弱电	《综合布线系统工程验收规范》	GB/T 50312—2016
22	智能建筑	《智能建筑工程质量验收规范》	GB 50339—2013
23	电梯	《电梯工程施工质量验收规范》	GB 50310—2002
24	防雷	《建筑物防雷工程施工与质量验收规范》	GB 50601—2010
25	无障碍	《无障碍设施施工验收及维护规范》	GB 50642—2011

A.8 公路房建工程安全、卫生标准

序号	类　型	标 准 名 称	标准编号
1	消防	《建设工程施工现场消防安全技术规范》	GB 50720—2011
2	土石方	《建筑施工土石方工程安全技术规范》	JGJ 180—2009
3	施工机械	《建筑机械使用安全技术规程》	JGJ 33—2012
4	施工机械	《施工现场机械设备检查技术规范》	JGJ 160—2016
5	施工机械	《龙门架及井架物料提升机安全技术规范》	JGJ 88—2010
6	施工机械	《建筑起重机械安全评估技术规程》	JGJ/T 189—2009
7	施工机械	《建筑施工升降机安装、使用、拆卸安全技术规程》	JGJ 215—2010
8	施工机械	《建筑施工起重吊装工程安全技术规范》	JGJ 276—2012
9	施工机械	《建筑施工升降设备设施检验标准》	JGJ 305—2013
10	电气	《建设工程施工现场供用电安全规范》	GB 50194—2014
11	电气	《施工现场临时用电安全技术规范》	JGJ 46—2005
12	模板脚手架	《租赁模板脚手架维修保养技术规范》	GB 50829—2013
13	模板	《建筑施工模板安全技术规范》	JGJ 162—2008
14	脚手架	《建筑施工门式钢管脚手架安全技术标准》	JGJ/T 128—2019
15	脚手架	《建筑施工扣件式钢管脚手架安全技术规范》	JGJ 130—2011
16	脚手架	《建筑施工木脚手架安全技术规范》	JGJ 164—2008
17	脚手架	《建筑施工碗扣式钢管脚手架安全技术规范》	JGJ 166—2016
18	脚手架	《建筑施工工具式脚手架安全技术规范》	JGJ 202—2010
19	脚手架	《钢管满堂支架预压技术规程》	JGJ/T 194—2009
20	脚手架	《建筑施工承插型盘扣式钢管脚手架安全技术标准》	JGJ/T 231—2021
21	脚手架	《建筑施工竹脚手架安全技术规范》[①]	JGJ 254—2011
22	脚手架	《建筑施工临时支撑结构技术规范》	JGJ 300—2013
23	脚手架	广东省《轮扣式钢管脚手架安全技术规程》	DB44/T 1876—2016
24	脚手架	广东省《建筑施工承插型套扣式钢管脚手架安全技术规程》	DBJ/T 15-98—2019
25	高空	《建筑施工高处作业安全技术规范》	JGJ 80—2016
26	拆除	《建筑拆除工程安全技术规范》	JGJ 147—2016
27	环境卫生	《建设工程施工现场环境与卫生标准》	JGJ 146—2013
28	劳保	《建筑施工作业劳动保护用品配备及使用标准》	JGJ 184—2009

注：①广东省限制使用。

附录B 设计任务书参考模板

××公路房建工程设计任务书

1 项目概况

1.1 线路概况
1 基本情况
附文：
附图：

1.2 项目现状
1.气候气象
附文：简述气温、主导风向、降雨量等指标。
2.水文地质
附文：
3.特殊地质及地下物
附文：地下文物、地下军用设施及管线、地下油罐房或其他大型地下建筑物

1.3 项目线路社会条件概况及分析
1.项目沿线现状与规划
附文：简述项目沿线的历史沿革、文化背景、经济情况、景点设施、当地政府对所处区域的规划设想。
附图：线路现状图；线路总体规划图
2.项目沿线的交通状况
附文：高铁、地铁、轻轨、公路、水运情况。
附图：交通路网图

2 项目营运管理情况

2.1 项目营运管理模式
附文：项目管理营运管理模式、收费年限、组织架构

2.2 项目营运管理人员编制情况
附表：人员编制表

设 施 类 型	岗　　位	级　　别	人　　数
服务设施	经营班子		
	中层管理人员		
	一般工作人员		
管理设施	经营班子		
	中层管理人员		
	一般工作人员		
收费设施	经营班子		
	中层管理人员		
	一般工作人员		
养护设施	经营班子		
	中层管理人员		
	一般工作人员		
其他			

注：表格内容为示意，根据项目实际情况编制。

2.3 公路房建工程功能设置要求

1. 服务设施设置要求

附文：

附表：

2. 管理设施设置要求

附文：

附表：

3. 收费设施设置要求

附文：

附表：

4. 养护设施设置要求

附文：

附表：

5. 交警管理设施设置要求

附文：

附表：
6.其他设施要求
附文：
附表：

3 设计范围及内容

3.1 服务范围及内容
附文：如规划、选址、建筑概念设计、初步设计、施工图设计、过程服务、竣工图⋯
附表：

3.2 特殊材料要求

3.3 特殊设备要求

4 设计成果要求

4.1 成果数量
4.2 印制规格
4.3 装订要求
4.4 各阶段成果要求

1 可行性研究报告成果

序号	内　容	规　格	备　注
1	线路站点布置图	A3	
2	经济技术指标表	A3	
3	土方平衡计算表	A3	
4	使用人数分析表	A3	
5	使用面积分析与计算表	A3	
6	建筑面积计算表	A3	
7	用地面积分析、计算与统计表	A3	
8	停车泊位数量分析与计算表	A3	
9	公路房建工程投资估算文件	A3 或 A4	

2 建筑概念设计成果

序号	内　容	规　格	备　注
1	服务设施		
1.1	规划设计总说明及经济技术指标	A3	
1.2	总平面图（含环境）	A3 彩图	

续上表

序号	内 容	规 格	备 注
1.3	总体鸟瞰图	A3 彩图	
1.4	透视图一:服务楼以正常视点看到的透视效果图	A3 彩图	
1.5	透视图二:用正常视点以服务楼为主体的透视图	A3 彩图	
1.6	日照分析图	A3	
1.7	景观分析图	A3	
1.8	交通分析图	A3	
1.9	小区消防分析图	A3	
1.10	主要建筑标准层平面图、立面图、剖面图	A3	
2	收费设施		
2.1	规划设计总说明及经济技术指标	A3	
2.2	总平面图(含环境)	A3 彩图	
2.3	总体鸟瞰图	A3 彩图	
2.4	透视图一:收费天棚以正常视点看到的透视效果图	A3 彩图	
2.5	透视图二:用正常视点以收费天棚为主体的透视图	A3 彩图	
2.6	交通分析图	A3	
2.7	主要建筑标准层平面图、立面图、剖面图	A3	
3	管理设施		
3.1	规划设计总说明及经济技术指标	A3	文字稿
3.2	总平面图(含环境)	A3 彩图	
3.3	总体鸟瞰图	A3 彩图	
3.4	透视图一:办公楼以正常视点看到的透视效果图	A3 彩图	
3.5	透视图二:用正常视点以办公楼为主体的透视图	A3 彩图	
3.6	透视图三:综合楼以正常视点看到的透视效果图	A3 彩图	
3.7	透视图四:用正常视点综合楼为主体的透视图	A3 彩图	
3.8	透视图五:宿舍楼以正常视点看到的透视效果图	A3 彩图	
3.9	透视图六:用正常视点以宿舍楼为主体的透视图	A3 彩图	
3.10	日照分析图	A3	
3.11	景观分析图	A3	
3.12	交通分析图	A3	
3.13	小区消防分析图	A3	
3.14	主要建筑标准层平面图、立面图、剖面图	A3	
4	其他设施		
4.1	规划设计总说明及经济技术指标	A3	文字稿
4.2	总平面图(含环境)	A3 彩图	

续上表

序号	内　容	规　格	备　注
4.3	总体鸟瞰图	A3 彩图	
4.4	主要建筑透视图一、二……	A3 彩图	
4.5	日照分析图	A3	
4.6	交通分析图	A3	
4.7	主要建筑标准层平面图、立面图、剖面图	A3	
4.8	……		
5	建筑概念设计估算		

3　初步设计成果

附文：

附表：

4　施工图设计成果

附文：

附表：

5　施工过程设计成果

附文：

附表：

6　竣工文件成果

附文：

附表：

7　其他成果

附录C 质量通病及防治措施

C.1 地基与基础

C.1.1　基坑(槽)超挖

1　主要原因分析

1)全部采用机械开挖,未预留人工开挖整平范围。因未严格控制操作范围,基底原状土受到机械开挖而扰动,造成局部多挖。

2)未安排专人指挥,盲目操作。

3)未严格复核测量结果,出现数据偏差。

4)土方边坡支护不满足要求,开挖后的基坑边缘存在松软土层,受外界因素影响自行滑塌。

2　防治措施

1)基坑(槽)开挖时预留30cm基底土方由人工开挖整平。

2)基坑(槽)开挖时安排专人负责指挥机械作业。

3)加强复核测量数据。

4)加强边坡防护,防止边坡土层滑落。

C.1.2　基底高程不符合要求

1　主要原因分析

1)测量和放线错误。

2)地质勘察资料与实际情况不符,挖至设计规定深度后的土质不符合设计要求。

3)施工机械和施工方法选用不当。

2　防治措施

1)在发现控制桩或标志板有被碰撞和移动迹象时复查、校正基底高程,防止出现过大误差。

2）基槽（坑）挖至基底高程后，会同设计单位、监理单位（或建设单位）检查基底土质是否符合要求，并做好隐蔽工程记录。

3）采用机械开挖基槽（坑）时，根据施工机械确定基底高程以上应预留的由人工清理的土层的合理范围。

C.1.3 柱短肢墙插筋偏移

1 主要原因分析

1）短肢墙（柱）插筋下部钢筋密集。

2）安装插筋后未固定。

3）浇筑混凝土发生插筋偏移时未及时调整。

2 防治措施

1）按轴线位置拨开密集钢筋，插筋锚入后用点焊或增加箍筋固定。

2）用钢管或木枋井字架固定插筋上部，复核轴线。

3）浇筑混凝土时及时扶筋、调校。

C.1.4 回填土下沉影响上部结构安全

1 主要原因分析

1）回填前未清除基坑（槽）中的积水、淤泥杂物。

2）用松土回填基础两侧时未分层夯实；夯填前未处理落入基坑（槽）的槽边松土，回填后因浸泡产生沉陷。

3）基槽宽度较窄，夯实密实度未达到要求。

4）回填土料中夹有大量土块，因浸泡产生沉陷；采用含水率高的黏性土、淤泥质土、碎块草皮作土料，回填质量不满足要求。

5）采用水泡法沉实回填土，含水率大，密实度不满足要求。

2 防治措施

1）在基坑（槽）回填前排净槽中积水，清理淤泥、松土、杂物；如有地下或地表滞水，采取排水措施。

2）回填、夯实严格分层，每层虚铺土厚度不得大于300mm。土料和含水率符合规定。按规定抽样检查回填土密实度，检查结果应满足要求。

3）回填土料中不得含有直径大于50mm的土块，干土块不应过多。急须进行下道工序时宜用2:8或3:7灰土回填夯实。

4）不得用水沉法回填土方。

C.1.5 地基不均匀下沉造成局部墙体开裂

1 主要原因分析

1）斜裂缝主要发生在软土地基上的墙体中。地基不均匀下沉使墙体承受较大的剪切力，当结构刚度较差、施工质量和材料强度不能满足要求时墙体开裂。

2）地基沉降量较大、沉降单元上部受到阻力使窗间墙受到较大的水平剪力时，窗间墙产生水平裂缝。

3）窗间墙承受荷载使窗台墙起反梁作用时，房屋底层窗台下产生竖直裂缝。

2 防治措施

1）加强地基探槽工作。在基槽开挖后普遍钎探复杂的地基，加固处理软弱部位后进行基础施工。

2）合理设置沉降缝。同一建筑物因荷载不同、长度过大、平面形状较为复杂时，其地基处理方法不同，应合理设置沉降缝使其各自沉降。浇筑圈梁时不得将断开处浇在一起，砖头、砂浆等杂物不得落入缝内，避免因房屋不能自由沉降而发生墙体拉裂现象。

3）加强上部结构的刚度，提高墙体抗剪强度，在基础顶面（±0.000m）位置及各楼层门窗口上部设置圈梁，减少建筑物端部门窗数量。

4）宽大门窗口下部宜设混凝土梁或砌反砖碹，减少窗台处因反梁作用变形产生的竖直裂缝。

5）增强基础整体性，采用通长配筋；窗台部位减少使用半砖砌筑，减少多层房屋底层窗台下出现的裂缝。

C.1.6 房心回填土下沉造成地坪空鼓及开裂

1 主要原因分析

1）回填的土料含有大量有机杂质和大土块，有机质腐朽造成填土沉陷。

2）未按规定厚度分层回填夯实；或底部松垣，仅表面夯实，密实度不够。

3）房心处局部有软弱土层，或有地坑、坟坑、积水坑等。

4）存在施工时未处理或未发现的地下坑穴，建筑投入使用后因荷重增加造成局部塌陷。

2 防治措施

1）在回填土前认真处理室内原自然软弱土层，清理有机杂质。

2）选用较好的土料回填。将回填土的含水率控制在最优范围以内，严格按规定分层回填夯实，并抽样检验密实度使之满足质量要求。

3）当室内回填土深度>1.5m时，在建筑物外墙基回填土需采取防渗措施，或采取在建筑物外墙基外加抹一道水泥砂浆或刷一道沥青胶等防水措施。

4）房心填土面积大、建筑使用要求较高时，回填前采用机械将原自然土碾压密实。

C.1.7 基础防潮层失效

1 主要原因分析

1）防潮层砂浆未达到配合比要求，在砌筑砂浆中随意添加水泥。

2）砂浆混用，将砌筑基础剩余的砂浆作为防潮层砂浆使用。

3）在防潮层施工前，基面未做清理、未浇水或浇水不够，影响防潮砂浆与基面的粘接。

4）操作时表面抹压不实、养护不好，防潮层早期脱水，导致强度和密实度达不到要求，或者出现裂缝。

2 防治措施

1）防潮层施工宜安排在室内土回填后进行，避免填土损坏防潮层。

2）防潮层作为独立的隐蔽工程项目施工，并按隐蔽工程进行验收。

3）防潮层施工在整个建筑物基础工程完工后进行，宜一次完成施工，不留施工缝。

4）防潮层下部的3层砖满铺满挤，横、竖向灰缝砂浆应饱满，240mm墙防潮层下的顶砖采用满丁砌法。

5）如果设计未对防潮层做法做具体规定，宜采用20mm厚的1:2.5水泥砂浆掺适量防水剂的做法。

6）严格按照工艺施工防潮层。

C.1.8 桩顶不平、锚入承台高度不够

1 主要原因分析

1）不重视桩头质量。

2）人工修整高度预留过少，对破桩分包队管理不力。

2 防治措施

1）破桩时在桩体上弹出高程控制线。保留规定高程以上至少100mm高度的桩体，留待人工修整。

2）桩头偏低处理方案报设计单位审核并确认，可采用将桩体四周降低做成凹槽加深承台的方式。

C.1.9 桩顶位移

1 主要原因分析

1）桩入土后，遇到大块坚硬障碍物，把桩尖挤向一侧。

2）采用植桩法时，钻孔垂直偏差过大。垂直立稳放入孔中的桩在沉桩过程中慢慢顺钻孔倾斜沉下而产生弯曲。

3）两节桩或多节桩施工时，相接的两节桩不在同一轴线上，产生了曲折；或接桩方法不当。

2 防治措施

1）施工前将地下障碍物清理干净，如旧墙基、条石、大块混凝土，尤其是桩位下的障碍物，必要时可钎探每个桩位。检查桩身质量，不宜使用桩身弯曲超过规定或桩尖不在桩纵轴线上的桩。一节桩的细长比不宜过大，应不超过30；在初沉桩过程中，如发现桩不垂直应及时纠正，宜把桩拔出，清理完障碍物并回填素土后重新沉桩。桩打入一定深度发生严重倾斜时，不宜通过移动桩架校正。接桩时要保证上下两节桩在同一轴线上，接头处应严格按照设计及操作要求执行。

2）采用点井降水、砂井或盲沟等降水或排水措施。

3）沉桩期间不得同时开挖基坑，应待沉桩完毕后相隔适当时间后开挖；相隔时间视具体地质条件、基坑开挖深度、面积、桩的密集程度及孔隙压力消散情况确定，一般宜为2周左右。

4）采用植桩法,减轻土的挤密,减少孔隙水压力的上升。

5）按设计图纸放好桩位,做明显标志,做好复查工作。施工时要按图核对桩位,发现丢失桩位或桩位标志和轴线桩标志不清时,由有关人员核查清楚并增补桩位标志。轴线桩标志按规范要求设置,并选择合理的行车路线。

C.1.10 断桩

1 主要原因分析

1）桩身混凝土强度低于设计要求,或原材料不符合要求造成桩身局部强度不够。

2）桩在堆放（搁置）、起吊、运输过程中,因操作不符合规定产生裂缝,经锤击而出现断桩。

3）接桩时,因上下节相接的两节桩不在同一轴线而产生弯曲;或焊缝不足,在焊接质量差的部位脱开。

4）制作桩时,桩身弯曲超过规定值,沉桩时桩身发生倾斜。

5）桩的细长比超出允许范围。沉桩遇到障碍物令垂直度不符合要求时,采用桩架校正桩垂直度使桩身产生弯曲。

2 防治措施

1）桩的混凝土强度不宜低于C30,制桩时各分项工程应符合有关验评标准的规定,养护期充足,养护方法正确。

2）堆放、起吊、运输工作按照有关规定或操作规程规范操作。发现桩开裂超过规定时不得使用。

3）接桩时,相接的两节桩保持在同一轴线上,接头构造及施工质量符合设计要求和现行有关标准的相关规定。

4）沉桩前全面检查桩及其构件。不得使用桩身弯曲量大于桩长的1%且大于20mm的桩。

5）沉桩前将桩位下的障碍物清理干净。在初步沉桩过程中,如果桩发生倾斜、偏位,应将桩拔出,重新沉桩;如果桩打入一定深度后发生倾斜、偏位,不得采用移动桩架的方式纠偏桩位,避免造成桩身弯曲;桩的长细比不宜超过30。

6）在施工中出现断桩时,及时通知设计人员参与断桩处理。

C.1.11 沉桩指标达不到设计要求

1 主要原因分析

1）勘探资料不准,设计选择的持力层和桩尖高程不当,或设计错误。

2）桩锤选择不当。

3）沉桩顺序不当（错误）,如从四周往中间打,中间土被挤密后会导致沉桩困难。

4）桩头破碎或桩身断裂,致使沉桩不能正常进行。

2 防治措施

1）核查地质报告,必要时补勘。

2）正式施工前,先试打2根试桩,检验设备和工艺是否符合要求。根据工程地质资料,结合桩断面尺寸、形状,合理选择沉桩设备和沉桩顺序。

3)采取有效措施防止桩顶击碎和桩身断裂。

4)遇硬夹层时,可采用钻孔法钻透硬夹层,把桩插进孔内,以满足设计要求。

C.2 主体结构工程

C.2.1 模板变形

1 主要原因分析

1)未按规定设置和组拼小钢模,造成建筑的整体性能差。

2)安放基础模板的地基不牢固、模板未放平板或防水措施差造成地基下沉。

3)采用木模板或胶合板施工,模板经验收合格后未及时浇筑混凝土,长期日晒雨淋导致变形。

4)支撑间距过大,钢板的刚性差。

5)墙、柱混凝土的浇筑速度过快,一次浇灌高度过高,振捣过度。

2 防治措施

1)地基密实、坚实,符合国家、行业现行相关标准的有关规定和设计要求,有足够的支撑面积。

2)雨季施工或木模施工需大量浇水时,采取防止土方遇水下沉的措施,确保能有效排水,不产生积水。

3)腕力体系和斜向支持体系应不致土体变形。

4)模板体系应自行独立,不得与其他可晃动体系相勾连,避免外力干扰。

5)重要结构模板类型的选用、计算应考虑料具的种类和数量以及模板受力性能(强度、刚度、稳定性)要素,并绘制安装图和节点大样。

C.2.2 模板表面未经清理

1 主要原因分析

1)钢筋绑扎完毕,模板位置未使用压缩空气或压力水清扫。

2)封模前未清扫。

3)墙柱根部、梁柱接头最低处未预留清扫孔,或所留位置不当无法清扫。

2 防治措施

1)钢筋绑扎完毕,用压缩空气或压力水清除模板内垃圾。

2)在封模前,将模内垃圾清除干净。

3)墙柱根部、梁柱接头处预留清扫孔,预留孔尺寸应大于或等于100mm×100mm,模内垃圾清除完毕后及时将清扫口封严。

C.2.3 模板支撑体系不规范

1 主要原因分析

预埋件位置不准确或支撑加工尺寸与安装尺寸不符,无法安装。

2 防治措施

1）加强支撑系统图纸审查和支撑加工尺寸复核。

2）为焊接工人预留足够的操作空间。

3）提高焊接工人的操作技能。

4）保证每跨吊装精度。

C.2.4 钢筋焊接质量差

1 主要原因分析

1）咬边：由焊接电流过大、电弧太长、焊接速度太快及运条操作不当等造成。

2）焊瘤：焊接过程中，熔化金属流溢到焊缝之外、未熔化部分留在母材上而形成金属瘤。

3）裂纹：热裂纹是在焊接过程中，焊条和热影响区金属冷却到固定相线附近的热高温时产生的裂纹；冷裂纹是焊接接头冷却到较低温度时产生的裂纹。

4）气孔：焊条受潮或未烘干，坡口及附近两侧有锈、水、油污而未清除干净，焊接电流过大或过小，电弧长度太长以至熔池保护不良，焊接速度过快等，均会导致气孔产生。

5）缩孔：熔化金属在凝固过程中收缩而产生的残留在焊缝中的孔穴。

6）夹杂：残留在焊缝金属中由冶金反应产生的非金属夹杂和氧化物。

7）夹渣：残留在焊缝中的熔渣，由坡口角度太小、焊接电流太小、多层多道焊时清渣不干净、运条操作不当等导致。

8）未熔合和未焊透：因待焊金属表面不干净、焊接电流过小、钝边太大、根部间隙太小、焊接速度太快等造成。

2 防治措施

1）清理干净焊缝坡口及焊缝两侧20mm区域内的氧化皮、脏物、油污等，直至见到金属光泽，防止气孔、夹渣出现在焊缝中。

2）管道组对时，焊工在焊接每道焊缝前认真检查组对质量，超出焊缝要求或管道错口超出规定时不得施焊。

3）施焊时正确选用焊条。

4）焊缝应设引弧和收弧板。焊接过程中禁止在焊缝以外打引弧。氩气气体保护焊前在试板上调焊，调好参数后正式施焊。

5）收弧时将收弧坑填满，防止因焊接速度过快导致焊缝缩孔。

6）多层焊的层间接头错开，层间清理干净，减少焊缝夹渣。

7）不得使用未经烘干的焊条，焊接速度不应太快，电流、电压等工艺参数严格按作业指导书，防止出现咬边、焊瘤。

C.2.5 套筒挤压接头质量不符合要求

1 主要原因分析

1）套筒的质量不符合要求，套筒、压模与钢筋没有配套使用。

2）钢筋伸入套筒内的长度不够。

3）挤压力过大,挤压操作方法不对。

2　防治措施

1）严格控制套筒的质量标准。

2）在运输和储存套筒时,按不同规格分别堆放整齐,防止碰撞。不得露天堆放套筒,防止锈蚀玷污。

3）压模、套筒与钢筋配套使用,不得混用。

4）对挤压后有肉眼可见裂纹的套筒,及套筒伸长率和压痕直径波动范围不符合要求的接头,应切除并重新挤压。

C.2.6　钢筋错位

1　主要原因分析

1）未严格按设计尺寸安装钢筋。

2）混凝土浇捣机具碰撞钢筋,未及时校正。

3）操作人员踩踏、砸压或振捣混凝土时直接顶撬钢筋。

2　防治措施

1）混凝土浇捣过程中避免碰撞钢筋,严禁砸压、踩踏钢筋和直接顶撬钢筋。

2）浇捣过程中安排专人随时检查钢筋位置,及时校正。

C.2.7　钢筋保护层不符合要求

1　主要原因分析

1）钢筋安装人员技术水平不足。

2）钢筋施工机械不合格。

3）钢筋施工方法错误。

4）施工环境不正确。

2　防治措施

1）加强钢筋施工各项管理制度的制订与实施。

2）监理单位加强钢筋加工机械的检查。

3）钢筋工必须经培训合格后上岗。

4）监理工程师严格监督按照设计图纸下料和加工钢筋。

5）沿主筋方向摆放垫块,垫块的位置、数量准确。

6）柱头外伸主筋部分增加一道临时箍筋,按图纸位置绑扎好,再用直径8~10mm钢筋焊成的井字形铁卡固定。

7）墙板钢筋设置可靠的钢筋定位卡。

8）浇筑混凝土时,混凝土入模时应避免冲击模板和钢筋,避免发生胀模或钢筋移位。

C.2.8　梁二排筋下沉

1　主要原因分析

1）梁二排筋固定办法不当。

2）振捣混凝土时误碰误撞。

2 防治措施

1)使用钢筋强度等级和直径相同的短钢筋架立,与梁下部二排筋及箍筋绑牢。

2)梁上部二排筋不能与箍筋绑扎的,采用拉钩筋方式悬挂绑扎或采用开口式箍筋兜起二排筋。

3)整体浇筑混凝土时尽量避免振捣棒碰撞二排筋。

C.2.9 钢筋穿插、锚固、接头位置不当

1 主要原因分析

1)设计构造不明确或图纸不全。

2)对规范理解不透彻。

3)不了解结构构件的受力特点。

2 防治措施

1)加强图纸会审,解决构造不明的问题。

2)厚板(承台)插筋可不插到底,梁应插到底。

3)顶部筋在支座1/5跨、底部筋在跨中1/3跨内连接。

C.2.10 混凝土蜂窝、麻面、孔洞、露筋

1 主要原因分析

1)配合比计量不准,砂石级配不佳。

2)混凝土搅拌不匀、振捣不够或漏振。

3)模板漏浆。

4)单次浇捣混凝土太厚,分层不清,前后浇筑的混凝土交界面不干净,无法控制振捣质量。

5)自由倾落高度超过规定,混凝土离析、碎石分布不均匀。

6)模板清理不净,或拆模过早,模板粘连。

7)脱模剂涂刷不匀或漏刷。

8)木模未浇水湿润,混凝土表面脱水、起粉。

9)在钢筋较密的部位或预留孔洞和埋件处,混凝土流动不畅,未振捣就继续浇筑上层混凝土。

10)混凝土离析,砂浆分离,碎石分布不均匀,严重跑浆。

11)混凝土内掉入木块、泥块等杂物,钢筋保护层垫块位移或垫块太少或漏放致使钢筋紧贴模板外露。

12)钢筋太密,混凝土集料太粗,不易下灰和振捣。

13)钢筋骨架加工不准,钢筋顶贴模板。

14)缺保护层垫块。

15)无钢筋定位措施、钢筋位移后紧贴模板。

2 防治措施

1)严格控制配合比,严格计量,经常检查。

2)混凝土搅拌充分、均匀。

3）下料高度超过2m时,必须用串筒或溜槽。

4）分层下料、分层捣固,防止漏振。

5）堵严模板缝隙,浇筑时随时检查并纠正漏浆。

6）将模板清理干净;浇筑混凝土前,充分湿润木模板;应在钢模板上均匀涂刷隔离剂。

7）堵严板缝,浇筑时随时处理漏浆。

8）保证钢筋位置和保护层厚度正确,加强检验。

9）钢筋密集时,选用适当粒径的石子,保证准确的混凝土配合比和良好的和易性。

10）在预留孔洞位置两侧同时下料,在侧面加开浇筑门,防止漏振。

11）浇筑混凝土前,检查钢筋及保护层垫块位置,并充分湿润木模板。

C.2.11 柱烂根

1 主要原因分析

1）模板根部缝隙堵塞不严造成漏浆。

2）混凝土柱浇筑前掺入了与混凝土配合比相同的水泥砂浆。

3）混凝土和易性差或水灰比过大,造成石子沉底。

4）混凝土浇筑高度过高或集中于一处下料,导致混凝土离析或碎石分布不均匀。

5）振捣不实。

2 防治措施

1）在所有竖向结构模板内铺设与混凝土配合比相同的水泥砂浆;砂浆应使用料斗吊到现场,使用铁锹均匀下料,不得用车泵直接泵送。

2）严格分层浇筑,确保模板拼缝严密,均匀布置钢筋保护层垫块。

3）合模前应将模板清理干净,严格控制混凝土坍落度,防止离析。

4）分散吊放材料。

5）及时养护混凝土,养护时间不得少于2周。

C.2.12 混凝土错台

1 主要原因分析

1）放线误差过大。

2）模板位移变形,支模措施不当。

3）下层模板顶部倾斜或胀模,上层模板纠正复位形成错台。

2 防治措施

1）模板有足够的刚度且边缘平整。安装前校正已经使用过的模板。

2）安装模板时,保证模板间拼接紧密、支撑牢固、整体刚度足够,特别加强模板与已浇筑混凝土之间的紧固。

3）如果浇筑高度过高,在上一仓拆模时保留顶部模板,与新浇筑仓模板拼接。

4）加强混凝土浇筑过程的跟进,实时监测模板受力后的变形情况,及时调整变形模板。

C.2.13 混凝土裂缝

1 主要原因分析

1) 水灰比过大,表面产生气孔、龟裂。

2) 水泥用量过大,产生收缩裂纹。

3) 养护不好或不及时,表面脱水产生干缩裂纹。

4) 坍落度太大,浇筑过高过厚,素浆上浮使表面龟裂。

5) 拆模过早,用力不当,将混凝土撬裂。

6) 混凝土表面抹压不实。

7) 钢筋保护层太薄,顺筋而裂。

8) 未按要求放置箍筋、温度筋,使混凝土开裂。

2 防治措施

1) 设计混凝土配合比时应控制水灰比,可掺加合适的减水剂。

2) 混凝土的用水量不大于配合比设计量。

3) 在混凝土结构中设置合适的收缩缝。

4) 在浇筑混凝土之前,向基层和模板浇水至充分湿润。

5) 加强混凝土温度监控,及时采取冷却、保护措施。

6) 混凝土垫块具有足够的强度和密实性。采用其他材料制作垫块时,除满足使用强度的要求外,其材料中不应含有对混凝土产生不利影响的成分。垫块的制作厚度不出现负误差,正误差应不大于1mm。

7) 垫块与钢筋绑扎牢固,且其绑丝的丝头不进入混凝土保护层内。

8) 浇筑混凝土前,检查垫块的位置、数量和紧固程度,不符合要求时及时处理,保证钢筋的混凝土厚度满足设计要求。

9) 振捣密实,避免离析;对板面进行二次抹压以减少收缩量。

10) 在浇筑完混凝土6h后开始养护,养护期为7d;前24h内每2h养护一次,24h后每4h养护一次;顶面用湿麻袋覆盖,避免暴晒。

C.2.14 构件断面、轴线尺寸不符合设计要求

1 主要原因分析

1) 未按施工图施工放线。

2) 模板的强度和刚度不足、稳定性差,模具变形和失稳,导致混凝土构件变形。

2 防治措施

1) 施工前按施工图放线,确保构件断面几何尺寸和轴线定位线准确无误。

2) 模板及其支架具有足够的承载力、刚度和稳定性,确保模具加荷载后不变形、不失稳、不跑模。

3) 在浇捣混凝土前后均自检,及时发现问题并纠正。

C.2.15 混凝土强度等级不符合设计要求

1 主要原因分析

1) 配制混凝土所用原材料质量不符合国家和行业现行相关标准的有关规定。

2) 混凝土配合比设计不当。

3）拌制混凝土时投料未按规定计量。

4）混凝土运输或到场后等候时间过长。

5）搅拌时间不足，均匀性差。

6）试块制作、养护不符合规定要求。

2　防治措施

1）严格控制材料质量标准并加强检验。

2）严控试配，设计与监理严格审核和监督配合比设计。

3）准确计量并严格按配合比拌制投料，不得任意更改配合比。

4）加强与混凝土供应商的沟通和监理旁站。

5）严格按规程或搅拌机说明书规定的搅拌时间充分搅拌，保证拌和物均匀。

6）按规定制作试块并及时养护。

C.2.16　钢结构加工缺陷

1　主要原因分析

1）螺栓孔倾斜，孔边毛刺未清除。

2）焊缝产生咬边、弧坑、夹渣、冷裂纹。

3）焊缝未焊透。

4）构件上有焊瘤。

5）焊接变形过大。

2　防治措施

1）钻孔前钻头与构件表面调为垂直。

2）使用磨光机打磨、清除孔周边毛刺。

3）选择合适的焊接电流。

4）采用短弧焊。

5）选取合适的焊接角度。

6）合理控制焊接电流和焊接速度。

7）装配间隙不宜太大。

8）清理坡口边缘污物。

9）割除临时固定件后打磨。

10）熄弧前焊条回弧填满熔池。

11）焊接时加引弧板。

12）仔细清理熔渣（每一层）。

13）适当加大焊接电流，加快焊接速度。

14）加大坡口角度，增大根部间隙。

15）正确掌握运条方法。

16）使用低氢型、韧性好、抗裂性好的焊条。

17）正确安排焊接顺序。

18）通过预热或后热控制层间温度,选用合适的焊接工艺参数。

C.2.17　钢结构安装缺陷

1　主要原因分析

1）未清除焊缝的焊渣,只涂面漆,未涂底漆。

2）角焊缝焊脚高度不足。

3）屋面板表面有划擦、刮擦和磨损,致使金属面的涂漆损伤。

4）屋面个别部位漏雨。

2　防治措施

1）在补涂之前进行技术交底。

2）严格按规程操作,边焊边清理焊渣。

3）安装焊缝部位按正式涂装程序补刷油漆。

4）焊接前进行技术交底,要求焊工按图焊接。

5）确保焊接层数符合要求。

6）对焊缝高度不足处进行补焊。

7）屋面板安装后,安排专人补涂。

8）先补一道底漆,后补一道同色面漆。

9）安装中避免与板刮擦碰撞。

10）在下雨时全面检查,找出漏点并标记,雨停后及时修补。

C.2.18　砌体灰缝不均匀、通缝

1　主要原因分析

1）砌筑时未采用挂线或吊线。

2）砌块裁切不准确,使竖缝加宽。

3）忽视周边的砌块搭接或砌缝未错开。

4）水平灰缝缩口过大。

2　防治措施

1）砌筑时,挂线、吊线。

2）砌块裁切准确,水平缝宜为 15mm,竖缝宜为 20mm。

3）搭砌长度不小于砌块长度的 1/3。

C.2.19　墙体渗水

1　主要原因分析

1）砌体的砌筑砂浆不饱满、灰缝空缝,导致出现毛细通道,形成虹吸作用,室内装饰面材料质地松散,易使毛细孔中的水分散发。

2）外墙饰面抹灰厚度不均匀导致收水速度不匀,抹灰发生裂缝和脱壳;分格条底灰不密实,有砂眼,造成墙身渗水。

3）门窗口与墙连接处密封不严,门窗洞口未设鹰嘴和滴水线。

4）室外窗台板高于室内窗台板。

5）室外窗台板未做顺水坡，出现倒水现象。

6）后塞口窗框与墙体之间未堵塞和嵌抹密封膏，或堵塞和嵌抹质量不过关；窗框保护带未撕净导致渗水。

7）脚手眼及其他孔洞堵塞不当。

2　防治措施

1）使用正确的组砌方法，砂浆符合设计要求，采用"三一"砌砖法。

2）在装饰抹灰前，对组砌中形成的空头缝进行勾缝修整。

3）饰面层分层抹灰，初凝后取出分格条。压灰密实，不得有砂眼和龟裂。

4）门窗口与墙体的缝隙采用加有麻刀的砂浆自下而上塞灰压紧。勾灰缝时压实。如果为铝合金和塑料窗，填塞保温材料，用防水密封胶封堵缝隙。

5）门窗洞口设置鹰嘴或滴水线。

6）室外窗台板低于室内窗台板并设置坡度，利于顺水。

7）墙体孔洞使用原设计的砌体材料按砌筑要求堵填密实。

C.2.20　墙面不平整、不垂直

1　主要原因分析

1）砌墙施工时未挂线或吊线。

2）砌筑时未随时检查砌体表面的垂直度，出现偏差后未及时纠正。

3）浇筑混凝土构造柱或圈梁时未采取必要的墙体加固措施，将部分石砌体挤动变形，造成墙面倾斜。

2　防治措施

1）跟线砌筑。

2）将砌块较平整的大面朝外砌筑。

3）不得使用未经修凿的球形、蛋形、棕子形或过于扁薄的砌块。

4）砌筑时检查墙面垂直度，发现偏差过大时及时纠正。

5）浇筑混凝土构造柱和圈梁时，设置支撑并确保稳固。分层浇筑混凝土，不应过度振捣。

C.2.21　墙体温度裂缝

1　主要原因分析

钢筋混凝土楼（屋）盖和砖砌体组成的砖混房屋形成一个空间结构，当自然界温度发生变化时，房屋各部分构件会发生不同程度的变形，由于彼此间相互制约而产生附加应力，当砖砌体所受到的附加应力超过其极限抗拉强度时（砖砌体抗拉强度弱），会产生温度裂缝。

2　防治措施

1）严格控制砌体房屋温度伸缩缝的间距。将伸缩缝设在最有可能因温度和收缩变形引起应力集中、砌体产生裂缝的地方。

2）屋面设置保温、隔热层，严格按照设计选用的相应图集节点做法施工。

3）屋面保温（隔热）层、屋面刚性面层和水泥砂浆找平层设置分隔缝，并与女儿墙和梯

间出屋面墙体隔开。利用保温(隔热)层找坡的单坡屋面坡高点和双坡屋面两侧,特别注意与女儿墙、梯间出屋面墙体的分隔,宜采用厚3～5cm的泡沫板全长分隔。

4)根据实际情况,在门窗洞口过梁上的水平灰缝内、顶层挑梁末端下墙体灰缝内和顶层圈梁下墙体内增加构造配筋。

C.3 屋面工程

C.3.1 屋面找平层起砂、起皮、开裂、空鼓

1 主要原因分析

1)使用过期或受潮结块的水泥;砂含泥量过大。

2)水泥砂浆配合比不满足设计或规范要求,搅拌不均,养护不充分,摊铺压实不当。

3)水泥砂浆收水后未及时进行二次压实和收光。

4)结构层或保温层高低不平,导致找平层施工厚度和干湿不均匀。

5)屋面基层未清扫干净,未涂刷水泥净浆;水泥砂浆与基层粘接不良,压抹不密实。

6)保温屋面的保温材料容易吸水,采用水泥砂浆找平层时,刚度和抗裂性明显不足,或采用了两种膨胀系数相差较大的材料,均可能引起开裂或空鼓。另与施工工艺有关,抹压不实、养护不良或未设通气孔排气槽等均可能造成开裂。

7)找坡不准,排水不畅,或屋面温差变化较大。

2 防治措施

1)严格控制结构或保温层的高程,确保找平层厚度、坡度以及坡度基准点符合设计要求。

2)水泥砂浆找平层宜采用1:2.5～1:3(水泥:砂)的比例,砂含泥量应不大于5%。不得使用过期或受潮结块的水泥,宜掺微膨胀剂。

3)在水泥砂浆摊铺前清扫冲洗屋面基层,随后用水泥素浆薄薄涂刷一层,确保水泥砂浆与基层粘接良好。摊铺完成后用靠尺刮平、木抹子初压,进行第一道压实和收光,并在初凝收水前再用铁抹子二次压实和收光。

4)施工找平层后及时覆盖并浇水养护,保持表面湿润;可使用涂刷冷底子油、喷养护剂等方法养护,保证砂浆中的水泥充分水化。

5)找平层设分格缝。分格缝宜设在板短边位置,其最大纵横间距:水泥砂浆或细石混凝土找平层不宜大于6m,沥青砂浆找平层不宜大于4m。水泥砂浆找平层分格缝的缝宽宜小于10mm;分格缝兼作排气屋面的排气道时可适当加宽至20mm,并与保温层连通。

6)施工完成后,及时对屋面坡度、平整度组织验收。雨后检查屋面是否有积水,积极采取应对措施。

C.3.2 屋面防水层起翘、空鼓

1 主要原因分析

1)排水坡度设计不符合要求,导致屋面出现积水、排水不畅。

2）基层未清理干净,基层干燥不充分。
3）冷底油涂刷不均匀、有遗漏,纵横搭接长度不够,接口收头密封胶不严实。
4）加强层施工偷工减料,铺贴顺序不对。

2 防治措施

1）检查阴阳角是否做了半径100mm的圆弧；确定铺贴顺序,应先低后高。
2）检查基层干燥程度和洁净程度。
3）均匀涂刷冷底油,不得遗漏或流淌。
4）正式铺设前进行试铺,保证搭接长度,挤压密实,防止空鼓。
5）接口和收头用密封胶封堵密实。
6）阴阳角或管根处做加强处理。

C.3.3 水落口漏水、积水

1 主要原因分析

1）水落口杯安装高度高于基层。
2）水落口杯与结构层接触位置未堵嵌密实,如横式穿墙水落口与墙体之间的空隙未用细石混凝土填嵌严实。未做防水附加层或防水层未伸入水落口杯内一定距离,使得雨水沿水落口外侧与水泥砂浆的接缝处漏水。未及时清扫屋面垃圾、落叶等杂物。

2 防治措施

1）水落口杯安装位置正确且牢固,顶面不高于天沟找平层。
2）横式穿墙水落口法：用1:3水泥砂浆或细石混凝土嵌好水落口与墙体之间的空隙,沿水落口周围留20mm×20mm的槽并嵌填密封膏,水落口底边不得高于基层,底面和侧面加贴附加层防水卷材。

C.3.4 保温层起鼓、开裂

1 主要原因分析

保温材料中含有过多水分,在温差作用下形成巨大的水蒸气分压力,致使保温层、找平层、防水层起鼓、开裂。而且可产生体积膨胀,严重的可推裂屋面女儿墙。

2 防治措施

1）屋面保温宜采用质轻、导热系数小且含水率较低的保温材料,不得采用现浇水泥膨胀蛭石及水泥膨胀珍珠岩材料。
2）控制原材料含水率。封闭式保温层的含水率应与该材料在当地自然风干状态下的平均含水率相当。
3）完成保温层施工后,及时进行找平层和防水层的施工。雨季施工时,采取遮盖措施。
4）在材料堆放、运输、施工及成品保护等环节采取措施防止受潮和雨淋。
5）减少保温屋面的起鼓和开裂,找平层宜选用细石混凝土或细石钢筋混凝土材料。
6）屋面保温层不易干燥时,采取排气措施。排气道纵横贯通,并与同大气连通的排气孔相通,排气孔可每25m设置1个,做好防水处理。

C.3.5 天沟、檐沟漏水

1 主要原因分析

1）天沟、檐沟因结构变形、温差变形导致裂缝。

2）防水构造层不符合要求。

3）水落口杯因直径太小或堵塞造成溢水、漏水。

2 防治措施

1）在沟内防水层施工前，检查预制天沟的接头和屋面基层结合处的灌缝是否严密和平整、水落口杯是否安装好。

2）沟内排水坡度不宜小于1%。

3）沟底阴角抹成圆弧，转角处阳角抹成钝角。

4）采用与卷材同性质的涂膜作防水增强层。

5）天沟、檐沟出现裂缝时，割开裂缝处的防水层，将基层裂缝处凿成上口宽20mm的"V"形槽，并扫刷干净，再嵌填柔性密封膏，在缝上空铺宽200mm的卷材条作为缓冲层，满铺宽350mm的卷材防水层。

C.3.6 变形缝漏水

1 主要原因分析

1）变形缝细部构造施工不到位，根部阴角未加设圆弧和防水附加层，顶面封盖未设缓冲层。

2）封盖拉裂破坏致使防水层出现渗漏水问题。

2 防治措施

1）检查抹灰质量和干燥程度并扫刷干净。

2）在变形缝根部设一层附加层。附加层宜选用卷材防水，宽度宜大于300mm，卷材上端应粘牢固。立墙和顶面的卷材应满铺。

3）墙体底部的变形缝出现裂缝而渗漏水时，割开裂缝处的卷材，基层扩缝后嵌填防水密封膏，空铺卷材条后修补并加强粘贴防水层。

4）墙体顶部的变形缝卷材拉裂或破损时，将混凝土盖板取下，按照要求修复。

C.3.7 女儿墙渗漏

1 主要原因分析

1）防水材料收头不牢、收头口敞开。

2）泛水高度不够。

3）找平层、刚性防水层等施工时直接贴紧女儿墙，未留分格缝。

4）长条女儿墙砌体未留伸缩缝，在温差作用下，山墙和女儿墙开裂。

5）女儿墙等根部阴角未按规定做圆弧，铺卷材防水层未按规定设缓冲层，卷材端边的收头密封不好，裂缝、张口，进而导致渗漏水。

2 防治措施

1）施工屋面找平层和刚性防水层时，应在屋面与女儿墙交界处留宽度和深度均为30mm的分格缝并嵌填柔性密封膏；女儿墙底部的阴角处理为圆弧。

2）女儿墙高度大于800mm时,预留凹槽,将卷材端部裁齐并压入预留凹槽内,钉牢后使用水泥砂浆或密封材料将凹槽嵌填严实。女儿墙高度低于800mm时,将卷材端头直接铺贴到女儿墙顶面后,再做钢筋混凝土压顶。

3）屋面找平层或刚性防水层紧靠女儿墙且未留分格缝时,应沿女儿墙边切割出20~30mm宽的凹槽,扫刷干净,并在槽内嵌填柔性密封膏。

4）女儿墙体有裂缝时,用灌浆材料修补,并将卷材收头的张口密封严实。

C.4 防水工程

C.4.1 卫生间渗漏

1 主要原因分析

1）防水层厚度不足造成渗漏。

2）预留洞、穿楼板、穿墙管等部位渗漏。

3）地漏高过防水层导致积水。

4）门槛洇水。

2 防治措施

1）对每间房的地面和墙面防水层进行切片验收,确保防水层厚度满足设计和相关标准的要求。

2）保证楼板的结构施工质量,确保预留洞口周边混凝土不松动、不产生裂缝等质量隐患。在浇筑结构楼板时,宜在木工支完模板后由安装专业技术人员用红油漆标出结构楼板预留洞口位置,绑扎顶板钢筋时避开此标识。预留洞口的大小、直径与管径匹配,比管道直径大5cm即可。

3）在地漏下方设1个110mm×50mm的大小头漏斗,其安装高度与结构板找平层上板面相平,防水施工前的找平层向地漏方向找坡,在大小头漏斗上方安装活动地漏;可在地漏下方加装一处反水弯,避免地漏反气。

4）在排水立管上加设止水环、给水立管加装套管、管道四周采用密封材料填实,避免管根渗水。

5）在非承重墙施工完成后开洞敷设管道时,管道从防水层外穿过;穿过承重墙时,在预留穿墙洞口处设套管。

6）如果卫生间房门的下口浇筑混凝土门槛,地面防水层应延伸至混凝土门槛之上。

7）改变埋地管位置时,地埋管不宜穿过防水层。

C.4.2 预埋件部位渗漏

1 主要原因分析

1）未及时拔除混凝土垫层上的钢筋马凳或混凝土垫层上的脚手架钢管。

2）套管和模板施工时,对拉螺栓等未满焊止水环。

3）预埋件周边和预埋件密集处的混凝土浇筑困难,振捣不密实。

2 防治措施

1）及时拔除混凝土垫层上的钢筋马凳和混凝土垫层上的脚手架钢管,防止渗水通路形成。

2）防水混凝土的预埋件、对拉螺杆满焊止水环。

3）外侧钢筋或绑扎铁丝不接触模板。

4）预埋件周边混凝土振捣密实。

C.4.3 管道穿墙(地)部位渗漏

1 主要原因分析

1）未及时拔除混凝土垫层上的钢筋马凳或混凝土垫层上的脚手架钢管。

2）套管和模板施工时对拉螺栓等未满焊止水环。

3）预埋件周边和预埋件密集处的混凝土浇筑困难,振捣不密实。

4）穿墙管道沿基层表面设置的法兰影响该处砌筑或混凝土浇筑质量,后期防水处理困难。

2 防治措施

1）及时拔除混凝土垫层上的钢筋马凳和混凝土垫层上的脚手架钢管,防止形成渗水通路。

2）防水混凝土的预埋件、对拉螺杆满焊止水环。

3）外侧钢筋或绑扎铁丝不接触模板。

4）预埋件周边混凝土振捣密实。

5）对管道穿过砖石砌体的区段进行除锈,并浇筑高强度等级混凝土。

C.4.4 外门窗渗漏

1 主要原因分析

1）设计文件不齐全或设计文件未经结构设计师审核,以致门窗安装固定点数量不足或铝门窗材料结构强度和挠度未达要求,导致其在正常风压下产生塑性变形、拉裂或损坏等,从而出现雨水渗漏。

2）过分考虑采光及通风需要,对迎风面、雨水冲刷面的防渗、防漏考虑不足。

3）选定型材前未进行计算,直接选用标准设计或常规设计的型材,导致型材不配套、装配松动、断面挡水高度不足等。

4）过分注重外观上的线条装饰,导致门窗型材接头、转角过多等,造成拼缝封堵缺陷。

5）铝门窗加工制作未达质量要求。

6）铝门窗与洞口墙体连接部位填塞密封不当。

2 防治措施

1）提交门窗设计图纸给门窗生产商复核。

2）门窗宜采用施工样板方式,做好提前预防、过程控制、阶段水密测试。

3）宜在批量生产前进行物理性能检测。

4）宜选用同一厂家、同一系列门窗型材,宜选用挡水断面高的窗框,宜增加门窗的密封道次和增加门窗的安装固定点。

5）门窗与洞口墙体周边的标准间隙宽度宜在 25～40mm,应不大于 50mm 或小于 20mm。

6）对于外墙门窗边框四周 200mm 范围内的墙面,使用防水砂浆抹面并增涂二道防水涂料,防止雨水渗漏。

7）迎风面或雨水冲刷面与墙体之间的充填材料宜采用止水挡板或其他防水涂膜,增强抗渗性能,防止雨水渗过门窗。

8）窗框交界处预留宽度为 5～8mm 的注胶槽,嵌注密封材料前清除浮灰、砂浆等,使密封材料与窗框、墙体粘接牢固。

C.5 装饰装修工程

C.5.1 瓷砖空鼓、脱落

1 主要原因分析

1）基层处理不完善,湿润不彻底,砂浆失水太快,以致面砖与砂浆黏结力弱。

2）面砖浸泡不足,以致砂浆早期脱水;浸泡后的砖未晾干就粘贴。

3）铺贴操作不当,砂浆不饱满、厚薄不均匀、用力不均匀。

4）砂浆收水后对粘贴完的面砖进行纠偏移动。

5）事先未发现面砖有损伤,嵌缝不密实或漏嵌。

2 防治措施

1）基层清理干净,表面修补平整,分次填补过凹处,向基层洒水保证充分湿润。

2）使用前将面砖清洗干净,浸泡到面砖不冒气泡为止,且浸泡时间不少于 2h,然后取出,待表面晾干后粘贴。

3）控制粘贴面砖的砂浆厚度,过厚或过薄均易产生空鼓。

4）粘贴时,可用手轻压,并用橡皮锤轻轻敲击,使面砖与底层粘接密实。粘接不密实时重贴,不得在砖口处塞灰。

5）面砖有空鼓和脱落时,铲去原有砂浆,再用 107 胶聚合物水泥砂浆粘贴修补。

C.5.2 分格缝不均匀,墙面不平整

1 主要原因分析

1）施工前未按图纸尺寸核对结构偏差,未进行排砖分格,未绘制大样图。

2）各部位放线贴灰饼不够,控制点少。

3）面砖质量欠佳,规格尺寸偏差较大;施工中未严格选砖且操作不当,造成分格缝不均匀、墙面不平整。

2 防治措施

1）施工前根据设计图纸尺寸核实结构实际偏差,确定面砖铺贴厚度和排砖模数,画出

施工大样图。

2）基层打底完成后,用混合砂浆粘在面砖背后作灰饼,并弹线和挂线。

3）严禁使用存在翘曲、变形、歪斜、缺棱掉角、龟裂、面层有杂质、尺寸超标、颜色不匀等缺陷的面砖。

4）施工前使用套板将同号规格按大、中、小分类堆放。

C.5.3　接缝不平直,缝宽不均匀

1　主要原因分析

1）面砖挑选不严格,挂线、贴灰饼、排砖操作不规范。

2）面板安装不到位,操作技术水平低。

3）基层抹灰面不平整。

2　防治措施

1）不使用存在缺陷的面砖。

2）同一尺寸面砖使用在同一房间或同一部位,保证接缝均匀。

3）粘贴前做好规划,定出水平标准。

4）镶贴过程中及时校正横、竖缝,应平直、均匀,粘贴砂浆收水后不得再移动釉面砖。

C.5.4　面砖污染

1　主要原因分析

1）不重视面砖保管或保管不规范。

2）完工后成品保护不到位。

3）施工中未及时清除砂浆。

2　防治措施

1）施工操作开始后,不得从脚手架上或从室内向外倒脏水、垃圾。

2）严格落实"工完场清"。

3）自上而下进行面砖勾缝。

4）拆脚手架时不要碰坏墙面。

5）对于用草绳或有色纸张包装的面砖,运输和保管时注意防雨淋、防潮。

6）完工后存在砂浆、水泥浆水等脏污时,用10%稀盐酸溶液由上而下洗刷,然后用清水洗净。

C.5.5　面砖裂缝

1　主要原因分析

1）面砖质量不好,材质松脆,吸水率高。

2）面砖在运输和操作过程中被损伤。

2　防治措施

1）选用材质密实、吸水率小、质量较好的面砖,以减少裂缝的产生。

2）粘贴前充分浸泡面砖,并将有损伤的面砖挑出。使用和易性、保水性较好的砂浆粘贴。操作时不得用力敲击砖面,以免产生损伤。随时将砖面上的砂浆擦洗干净。

C.5.6 抹灰面空鼓、开裂

1 主要原因分析

1）墙体与混凝土交界处未设拉结钢筋。

2）砌体结构存在裂缝。

3）基层处理不当或未清理干净。

4）基层浇水不足,抹灰砂浆脱水,影响黏结力。

5）未按操作规程分遍抹灰。

6）原材料质量差。

7）砂浆配制不符合规范或使用不当。

8）水泥砂浆抹在石灰砂浆或混合砂浆上。

2 防治措施

1）砌体与混凝土交界处按设计和规范要求预埋拉结钢筋。如果发现遗漏拉结钢筋,及时处理。

2）抹灰前清除墙面的油污、油漆、隔离剂等。

3）在光滑的混凝土表面抹灰时做毛面处理。

4）抹灰前在墙面浇水。

5）不得使用强度及安定性不合格的水泥、细砂、特细砂以及受冻过的石灰膏。

6）严格控制砂浆配比、和易性、保水性能。

7）抹灰砂浆基层粘接牢固,必要时可在砂浆中掺入环保型胶结材料。

8）抹灰基层不平整时,中间抹灰分层抹平,每层抹灰厚度应控制在 7~10mm。

9）抹水泥砂浆、混合浆时,待前一层抹灰凝固后再抹后一层,宜隔夜进行。抹石灰砂浆时,待前一层发白后再抹后一层。不得多层连续涂抹。

10）水泥砂浆不得抹在石灰砂浆或混合砂浆之上。

11）在双阳台分隔处的栏板竖向裂缝位置可留 2 条竖向分隔条,缝内嵌填耐候胶。

C.5.7 抹灰面观感质量差

1 主要原因分析

1）罩面灰压光的操作方法不当,导致出现抹纹。

2）墙面未分格或分格过大导致无法留槎,有分格但未留槎等导致接槎明显。

3）砂浆使用的原材料不一致,未统一配料,基层浇水不均匀。

2 防治措施

1）抹灰宜做成毛面,不宜抹光。

2）接槎设置在分格条、腰线、阴阳角或落水管等处,阳角处抹灰使用反贴八字尺的操作方法。

3）抹灰的面层灰原材料一致,水泥应为同品种、同等级、同批量且留有余量,黄沙应为同产地、同批量且留有余量,安排专人统一配料。

C.5.8 抹灰面分格缝不平、缺棱错缝

1 主要原因分析

1）墙上弹线不统一,未使用工具找平。

2）分格条材质差,使用前没有充分浸水,使用后翘曲变形。

3）分格条的粘贴和起条操作不当,造成缝口两边棱角缺失或错缝。

2 防治措施

1）需要抹灰的墙体表面拉通线弹出水平分割线(墙体凹凸位置采用水平工具弹线),以保证平直度;竖向分格缝统一吊线分块。

2）使用塑料或铝合金分格条。

3）将水平分格条粘贴在水平线下方,竖向分格条粘贴在垂直线左侧,以便检查其准确度,防止出现错缝、不平现象。分格条两侧可用纯水泥浆固定,在水平线位置先抹侧面;当天抹罩面灰起条的,两侧可抹成45°坡,否则抹成60°坡。

4）面层压光时,将分格条水泥砂浆清刷干净,待水泥砂浆达到一定强度后起出分格条,以免起条时损坏棱角;对于分格条底灰不实处,使用水泥浆修补。及时清刷起出后的分格条以便再次使用。

5）分格条可采用符合分格条宽度和深度的一次性塑料条或铝合金条,永久镶嵌在墙体上。合理选择分格条的断面形式,防止抹灰收缩后弹出。

C.5.9 天棚吊顶出现裂缝

1 主要原因分析

1）龙骨固定不牢。

2）板材拼接处未采取有效抗裂措施或施工质量不符合要求。

2 防治措施

1）加强龙骨的隐蔽验收工作。

2）在板材拼接处增铺玻璃纤维布。

C.5.10 门窗框弯曲

1 主要原因分析

1）门窗框受撞击产生变形。

2）门窗框采用的材料薄,刚度不够。

2 防治措施

1）对已变形的门窗框进行修理后再安装。

2）门窗框的材料厚度符合相关规定,主要受力构件厚度不小于1.2mm。

3）门窗框四周填塞适度,防止过度向内弯曲。

C.5.11 门窗框松动

1 主要原因分析

1）安装锚固铁脚间距过大。

2）锚固铁脚的材料过薄。

3）锚固方法不正确。

2　防治措施

1）锚固铁脚的安装间距不得大于600mm，铁脚必须经过防腐处理。

2）锚固铁脚的材料厚度应不低于1.5mm，宽度不得小于25mm。

3）根据墙体材料采用合理的锚固防治方案，砖墙上不得采用射钉锚固，多孔砖不得采用膨胀螺栓锚固。

C.5.12　门窗框不方正

1　主要原因分析

安装门窗框时卡方不准，两个对角线长短不一致，造成框不方正。

2　防治措施

安装时使用木楔临时固定，测量并调整对角线至长度一致后，用铁脚固定。

C.5.13　门窗渗漏

1　主要原因分析

1）窗框上部砂浆塞缝不密实，导致渗漏。

2）外窗塞缝发泡胶外露，采用切割方式处理，破坏发泡胶外表层，造成渗漏。

3）外窗塞缝发泡胶外露时直接进行切割处理，导致发泡胶外表层破坏，造成渗漏。

4）金属锁施工不规范。玻璃无框门的地面金属锁孔装饰件出现歪斜、松动、脱落或安装后高于地坪，造成门锁后晃动或难以锁牢等问题。

2　防治措施

1）门窗框与副框之间的间隙宜采用弹性闭孔材料（如聚氨酯发泡剂）填塞饱满，并使用耐候密封胶密封。弹性闭孔材料应连续施打、充填饱满、一次成型。为避免破坏发泡剂外膜，应在结膜硬化前，将溢出门框的发泡剂塞入门框间的缝隙内。

2）对于超出门窗框的发泡胶，应在其固化前用手或专用工具压入缝隙中，不得在固化后用刀片切割。

3）安装锁孔装饰盖时，先用大理石开孔器开孔，再用6mm冲击钻头打孔，深度应为20~30mm；应内置6mm塑料膨胀管，并用自攻螺丝固定牢，安装平整。

C.5.14　涂料涂层起皮脱落

1　主要原因分析

1）工期不足、抢工，抹灰基层未经充分养护即进行涂装，因含水率过高、pH值太大，导致涂层与基层的附着力降低。

2）基层表面有浮浆、油污等污染物，导致涂层与基层粘接不牢。

3）未使用与涂料相配套的腻子。

4）腻子黏结强度低。

5）腻子太厚。

6）多层涂装施工间隔时间太短。

2　防治措施

1）抹灰基层充分养护,常温下保证2周的养护时间,基层干燥,含水率低于8%,pH值小于10。

2）涂装前清理基层,将基层表面的污染物清除干净。

3）严禁使用由白水泥、滑石粉与107胶水现场调制的腻子。应使用由涂料生产厂家提供的与涂料配套的腻子或聚合物改性水泥腻子,严格控制腻子厚度。

4）每道涂层均涂装均匀并严格控制厚度。

5）涂装涂料时,后一涂层在前一涂层干透后进行。

C.5.15　涂料涂层开裂

1　主要原因分析

1）抹灰基层开裂。

2）腻子强度太低或腻子层太厚,腻子层开裂。

2　防治措施

1）控制基层质量,保证基层平整度符合标准、无裂缝;严格按标准验收,未验收合格不得施工。

2）使用与涂料配套的腻子或聚合物改性水泥腻子,控制腻子层厚度。

C.5.16　涂料涂层粉化

1　主要原因分析

1）涂料的耐候性差。

2）涂装时温度过低,成膜差。

3）涂料掺水太多。

2　防治措施

1）使用耐候性较好的外墙涂料。

2）在气温5℃以上时进行涂料施工。

3）严格按说明书控制涂料掺水量。

C.5.17　涂层变色或褪色

1　主要原因分析

1）基层的含水率和含碱量太高。

2）涂料颜色太鲜艳,色浆易褪色。

2　防治措施

1）保证抹灰基层有足够的干燥和"吐碱"时间,基层涂装前的含水率和含碱量应符合要求。

2）涂料颜色宜选用灰色系,不宜选用艳丽的色彩。

C.5.18　涂料涂层发霉

1　主要原因分析

1）建筑物的排水系统和防雨设施差。

2）涂料的防霉性能差。

2　防治措施

1）在檐口、窗台、女儿墙顶等部位设置防雨构造措施。
2）雨水管接口密实,确保不漏水。
3）使用防霉性能好的涂料。

C.6 给排水工程

C.6.1 管道接口处渗漏
1 主要原因分析
1）螺纹加工断丝或缺丝总数超过规范规定。
2）螺纹连接拧紧程度不合适。
3）填料缠绕方向不正确。
4）胶水涂抹不均匀。
5）管道安装后未认真进行水压试验。
6）楼板开设孔洞过多,破坏了楼板的整体性。
2 防治措施
1）加工螺纹时,螺纹端正、光滑、无毛刺、不断丝、不乱扣。
2）螺纹加工后,用手拧紧2~3扣,再用管钳继续上紧并留出2~3扣。
3）选用大小合适的管钳。
4）螺纹连接时,根据管道输送的介质采用相应的辅料,使连接严密。
5）严格控制胶水质量和涂胶。
6）安装完毕后进行试验,严格检测严密性、强度和水压。
7）禁止踩、踏管道或用管道支撑物体。

C.6.2 排水管道堵塞
1 主要原因分析
1）管道安装缺少有效防护措施。管道安装中断期间,有水泥砂浆等杂物进入管道。
2）排水管道管径未按设计要求或变径过早,管道流量变小。
3）排水管道未进行通水、通球试验。
4）排水管倒坡。
2 防治措施
1）及时封堵排水管道施工过程中的临时甩口,并保证封堵严密,防止杂物进入管道。
2）严格按设计要求施工,严禁变径过早。
3）排水管道坡度、坡向不宜过小。
4）应进行排水管道通水和通球试验。

C.6.3 地漏排水不畅
1 主要原因分析
1）排水支管堵塞。

2）地漏水封内有杂物。
3）地面装饰面层在施工过程中产生倒坡现象。
4）地漏安装高度高于地面。
5）地漏质量缺陷。
2　防治措施
1）应在安装地漏前进行排水支管通水试验。管道畅通后再进行地漏安装。
2）地漏安装高度宜低于地面2～3mm。
3）严格控制地面面层排水方向和坡度。
4）安装地漏前,采取保护措施防止杂物掉入排水管道内。

C.6.4　管卡不牢固,老化、变脆、断裂
1　主要原因分析
1）管卡质量不合格。
2）膨胀螺栓强度低,管卡易脱落。
3）采用再生塑料,寿命短,易氧化变脆或断裂。
2　防治措施
1）采用与管材同质材料的管卡。采用金属管卡时,在管道与支架间设非金属垫。
2）排水管膨胀螺栓固定在混凝土或水泥砖墙内。
3）管道安装与其他专业密切配合,准确设置混凝土预埋块。
4）立管穿楼板时,套管与立管之间采用柔性材料封堵。
5）按照规范要求设置排水立管伸缩节。

C.7　建筑电气工程

C.7.1　等电位差,防雷隐患
1　主要原因分析
1）等电位设计缺陷。
2）等电位联结不良。
2　防治措施
1）加强等电位设计审图和图纸会审。
2）等电位联结严格按规范执行。

C.7.2　接线盒锈蚀严重
1　主要原因分析
未做防锈处理。
2　防治措施
1）金属接线盒多为冷镀锌,暗埋在混凝土内时应做防锈处理。
2）非镀锌钢管内壁做防腐处理。

C.7.3 插座位置、高度与家具不匹配

1 主要原因分析

1）未开展施工深化设计。

2）施工过程中未及时调整插座位置。

3）同一场所的插座底盒预埋时未拉等高线。

2 防治措施

1）依据平面布置图和家具标准开展施工深化设计。

2）根据土建的基准线确定预埋接线盒的高度。

3）插座底盒和面板安装位置出现偏差时及时调整。

4）同一场所安装的插座高差不大于5mm，垂直度偏差不大于0.5mm。

C.7.4 开关安装位置不对

1 主要原因分析

1）暗装接线盒高程相差过大。

2）施工过程中未及时调整开关位置。

3）同一场所的开关底盒预埋时未拉等高线。

2 防治措施

1）应依据建筑物相应的土建工程的基准线确定预埋接线盒的高度。

2）开关底盒和开关面板安装位置出现偏差时及时调整。

3）同一场所安装的开关高度差不大于5mm，垂直度偏差不大于0.5mm。

C.7.5 成排灯具不在一条中心线上

1 主要原因分析

1）悬吊灯具的支吊物刚度不够，安装时未进行调整。

2）成排灯具安装定位未考虑吊顶龙骨位置，为避开吊顶龙骨而产生位置偏移。

3）灯具在吊顶上固定不牢固，吊顶材料强度低，安装孔过大。

2 防治措施

1）悬吊灯具的支吊物与吊灯重量匹配。质量超过3kg时，预埋吊钩或螺栓。

2）成排吊灯安装好后拉线调整吊灯高度。

3）成排灯具安装前先拉线定位，避开吊顶龙骨，中心偏差不大于5mm。

4）将灯具固定在专设的框架上，开孔不宜过大，固定灯罩的边框边缘紧贴顶棚。

C.7.6 电气安装辅材锈蚀严重

1 主要原因分析

1）过度压缩成本，使用非镀锌或防腐性差的安装辅材。

2）防腐施工不规范。

2 防治措施

1）电气安装辅材未涂防腐油漆时，宜采用镀锌件。

2）户外及架空线路所用的各种金属构件和辅材均使用热镀锌材料。

3）对因镀锌及防腐性差而锈蚀的安装辅材,应做调换或重新防腐处理。

C.7.7 电缆桥架、支架以及电线保护管的支吊架不符合要求

1 主要原因分析

1）管理不严格,施工操作不符合规范。

2）施工现场设备不配套。

2 防治措施

1）对于非镀锌制品的支、吊架,应在预制、打孔、防腐完毕后安装。

2）安装支、吊架前拉线,保证支、吊架的水平、垂直。

3）使用机械切割和钻孔,使用气割下料和开孔,气割后磨去所有氧化物并做防腐保护。

C.7.8 金属线管保护接地和防腐不符合标准

1 主要原因分析

1）金属线管保护地线截面不够,焊接面太小,不符合标准。

2）煨弯及焊接处刷防腐油有遗漏,焦渣层内敷管未使用水泥砂浆保护,土层内敷管混凝土保护层浇筑得不彻底。

2 防治措施

1）接地线截面面积不够大时,按规定重焊。

2）线管煨弯及焊接处漏刷防腐油时,使用樟丹或沥青油补刷二道。

3）土层内的线管无保护层时,浇筑素混凝土保护层。

C.7.9 大型灯箱发光不均匀,阴影较重

1 主要原因分析

1）灯管与灯光片安装不符合要求。

2）灯管安装位置不能满足均匀照度要求。

3）灯箱内部板材、构架等未刷白。

2 防治措施

1）制作大型灯箱时,钢架与透光片之间的距离宜大于300mm。

2）灯管布置均匀、交错有序,从下往上依次为透光片、连接杆、灯具、钢架、连接杆、钢架。

3）灯箱内部进行刷白处理,避免阴影较多、较重。

C.8 其他工程

C.8.1 室外管网位置偏移或积水

1 主要原因分析

1）测量差错、施工走样或避让原有构筑物,使管道、线路平面位置偏移,竖向出现积水甚至倒坡。

2 防治措施

1）施工前认真按照施工测量规范和规程进行交接桩复测与保护。

2）结合水文地质条件，按照埋置深度、设计要求以及有关规定施工放样。进行复测检验，检验结果满足要求之前不得交付施工。

3）严格按照样桩施工，对沟槽和平基做轴线和纵坡测量验收。

4）意外遇到构筑物必须避让时，在适当的位置增设连接井，井与井之间以直线连通，连接井转角应大于135°。

C.8.2 室外排水管道渗漏水，闭水试验不合格

1 主要原因分析

1）基础不均匀下沉。

2）管材及其接口施工质量差。

3）闭水段端头封堵不严密。

4）井体施工质量差。

2 防治措施

1）认真按设计要求施工，确保管道基础的强度和稳定性。地基水文地质条件不良时应换土改良，提高基槽底部的承载力。

2）如果槽底土壤被扰动或受水浸泡，应先挖除松软土层后用杂砂石或碎石等稳定性好的材料回填密实。

3）在地下水位以下开挖土方时，采取有效措施做好坑槽底部排水降水工作，确保干槽开挖。必要时可在槽坑底预留20cm厚土层，待后续工序施工时随挖随清除。

4）加强管材质量控制，所用管材应具备质量部门提供的合格证和力学试验报告等材料。

5）选用质量良好的管道接口填料；抹带施工时接口缝内洁净，必要时先进行凿毛处理，再按照施工操作规程施工。

6）砌筑砂浆饱满，勾缝全面不遗漏。抹面前清洁和湿润表面，抹面时及时压光收浆并养护。有地下水时，抹面和勾缝随砌筑及时完成，回填以后不得再进行内抹面或内勾缝。

7）规划预留支管封口砌堵前，将管口0.5m范围内的管内壁清洗干净，涂刷水泥原浆，同时润湿砖块备用。勾缝和抹面用的水泥砂浆等级应不低于M15，管径较大时内、外双面做勾缝或抹面，管径较小时可只做外单面勾缝或抹面。

C.8.3 检查井变形、下沉，构配件质量差

1 主要原因分析

1）井盖质量和安装质量差。

2）井内爬梯安装不规范。

2 防治措施

1）做好检查井的基层和垫层，防止井体下沉。

2）砌筑检查井时，控制井室和井口中心位置及其高度，防止井体变形。

3）检查井井盖与座配套，轻重型号和面底不错用。

4）安装井盖时坐浆饱满，道路井盖坐浆宜使用细石混凝土。安装铁爬控制上、下第一

步的位置,控制偏差,确保平面位置准确。

C.8.4 回填土沉陷

1 主要原因分析

1)检查井周边回填不密实,未按要求分层夯实。

2)填料质量差、含水率控制差等原因影响压实效果,造成工后沉降过大。

2 防治措施

1)管槽回填时,根据回填的部位和施工条件选择合适的填料和压(夯)实机械。

2)沟槽较窄时,使用人工或蛙式打夯机夯填。

3)针对不同填料、填筑厚度,选用不同的夯压器具。